Andrea Erkert • Heidi Lindner

Rolf Zuckowski
und seine Lieder

Feste feiern & gestalten rund um die Jahresuhr

Mit zahlreichen Spielaktionen, Dekorationen,
Rezepten und Planungshilfen
für das nächste Fest
rund um Hits von Rolf Zuckowski

Illustrationen von Annie Meussen

Ökotopia Verlag, Münster

Impressum

Autorinnen Andrea Erkert
Heidi Lindner

Illustratorin Annie Meussen

Lektorin Barbro Garenfeld

Satz Hain-Team, Weimar

Notensatz Michael Gundlach

ISBN 3-936286-68-X

2 3 4 5 6 7 • 11 10 09 08 07 06

Alle Lieder dieses Buches
gibt es auf der CD von Rolf Zuckowski:
Feste feiern rund um die Jahresuhr
Mit 16 Gute-Laune-Liedern für alle Jahreszeiten
ISBN: 3-936286-69-8

Inhalt

„Wenn Kinder singen, öffnet sich der Himmel“

Dieses spanische Sprichwort ist eine Einladung an alle Erwachsenen, die Freude zu erleben, die Kinder uns mit ihrem Gesang schenken. Feste und Feierlichkeiten bekommen für mich erst durch gemeinsam singende Kinder und Erwachsene den richtigen Glanz. Dass Kinder „einfach nur so“ singen, ist leider nicht mehr selbstverständlich, weil in vielen Familien nicht mit den Kleinen gesungen wird. Darum fehlt den Kindern oft ein natürlich gewachsenes Repertoire und somit ein wichtiges Element für die Entwicklung ihrer Persönlichkeit und ihrer sozialen Fähigkeiten.

Meine Lieder laden nicht nur zum Zuhören und Singen ein, sie sind immer auch ein Anstoß für Rollenspiel, Bewegung und Tanz oder zum Malen und Basteln. So können die Kinder erleben, wie die Musik ein Teil von ihnen wird. Das bleibt auch dann lebendig, wenn CD-Spieler, Kassetten- oder Videorekorder ausgestellt sind. Mit den Liedern auf den Lippen, im Kopf und im Herzen werden sie die im Kindergarten oder in der Schule erlebte Freude mit nach Hause nehmen und neue Lebensimpulse in ihre Familie bringen.

Ich bin Andrea Erkert und Heidi Lindner dankbar für die Entwicklung so vieler Ideen pädagogischer Angebote zu meinen Liedern. So können sie „rund um die Jahresuhr“ zum Ausgangspunkt für lebensfrohes und anregendes Zusammenleben der Kinder werden, unter sich und in Gemeinschaft mit den Erwachsenen.

Rolf Zuckowski

Das nächste Kinderfest kommt bestimmt!

Im Laufe eines Kindergarten- oder Schuljahres gibt es immer wieder Anlässe gemeinsam zu feiern. Damit das Fest für alle Beteiligten zu einem unvergesslichen Erlebnis wird, haben wir eine Reihe von leicht umsetzbaren und abwechslungsreichen Festideen zusammengestellt, die sich für kleine Feiern im häuslichen Umfeld und besonders gut für eine große und muntere Kinderschar im Vor- und Grundschulalter eignen. Schnell und einfach finden Sie genau die Feste, die Kinder und Familien zu Hause oder im Kindergarten, in der Schule oder in jeder anderen Einrichtung im Lauf eines Jahres erleben können.

Die Kapitel dieses Buches enthalten viele praktische Anregungen, die Lust darauf machen, das jeweilige Fest vorzubereiten. Es folgen jede Menge Spielvorschläge und Aktionen mit übersichtlichen Materialangaben, die in der Regel in jeder Einrichtung vorhanden sind. Auf eine Altersangabe zu den Mitmachideen wurde bewusst verzichtet, da zum Mitspielen hauptsächlich der Entwicklungsstand der Kinder maßgebend ist. Aus diesem Grund sollte sich auch niemand scheuen, die Aktionen im Hinblick auf die eigene Kindergruppe anzupassen. Die einzelnen Feste wurden mit einem durchgehenden Programmfaden ausgestaltet. Die Ideen und Anregungen können jedoch verändert, kombiniert und erweitert werden.

Höhepunkte der Feste sind natürlich die Lieder von Rolf Zuckowski, die bereits den Jüngsten gut ins Ohr gehen. Rolfs Lieder sorgen für gute Stimmung und machen jedes Fest zu etwas ganz Besonderem. In vielen Einrichtungen sind sie bereits fester Bestandteil der pädagogischen Arbeit mit Kindern, andere mögen in diesem Buch und auf der dazugehörigen CD neue Lieder kennen lernen.

Und noch etwas: Zugunsten des Leseflusses schreiben wir in diesem Buch v. a. die ErzieherInnen direkt an, möchten jedoch, dass sich alle LehrerInnen, SozialpädagogInnen, Eltern und Gäste gleichermaßen angesprochen fühlen.

Wir wünschen Ihnen sowie allen kleinen und großen Festgästen viel Erfolg und Freude mit unseren Vorschlägen und mit Rolfs fröhlich stimmendem Liederschatz!

Andrea Erkert und Heidi Linder

Gedanken zur Vorbereitung eines Festes

Damit ein Fest für alle Beteiligten ein Erfolg wird, bedarf es zunächst einiger Vorüberlegungen:

1. **Festausschuss:** Ein kleines Team aus Pädagogen und Eltern bilden, das über die Rahmenbedingungen, Planungs- und Vorbereitungsschritte des Festes entscheidet. Gemeinsam macht es mehr Spaß!
2. **HelferInnen:** Rechtzeitig sollten genügend Personen gefragt und um Mithilfe bei konkreten Aufgaben, den Vorbereitungen, aber auch den Aufräum- und Abbauarbeiten gebeten werden.
3. **Größe des Festes:** Die Frage, ob das Fest gruppenübergreifend durchgeführt werden soll oder nicht, stellt sich v. a. für größere Einrichtungen mit einer Gruppenstärke von jeweils 20 Kindern und

mehr, so dass die Anzahl der Festgäste, mit Geschwistern und evtl. sogar Großeltern sehr schnell die Zahl Hundert erreichen könnte. Das wiederum bedeutet eine organisatorische Herausforderung für das gesamte Team, die bei einer guten, jedoch zeitintensiveren Planung durchaus spannend und befriedigend sein kann.

4. **Raumplanung:** Je nachdem, wie viele Gäste erwartet werden, müssen Räumlichkeiten ausgewählt und Sitzgelegenheiten für das gemütliche Beisammensein überprüft werden. Eventuell sind Festzeltgarnituren oder zusätzliche Sitzmöglichkeiten von benachbarten Einrichtungen zu organisieren.
5. **Einladung:** Schon mit einer thematisch passenden Einladung werden Kinder und Eltern positiv auf das bevorstehende Ereignis eingestimmt.
6. **Anmeldung:** Mit Hilfe einer schriftlichen Anmeldung auf dem Einladungsschreiben oder einem Plakat zum Eintragen im Gruppenraum erhalten alle Beteiligten Planungssicherheit.
7. **Essen und Trinken:** Soll den Gästen etwas zum Essen und Trinken angeboten werden, kann das Team entweder gemeinsam mit den Kindern die Rezeptideen aus diesem Buch ausprobieren oder die Eltern um Mithilfe bitten.
8. **Technik:** Ein besonderes Augenmerk ist auf die Beschallungsanlage zu richten. Ideal für größere Veranstaltungen sind transportable Verstärkeranlagen oder handliche Allroundsysteme mit leistungsstarken Lautsprechern für eine hervorragende Klangwiedergabe. Neben einem integrierten CD-Player und Kassettenrekorder gibt es bei solchen Anlagen auch einen Anschluss für ein Mikrofon, das ein angenehmes und für alle verständliches Moderieren ermöglicht. Manche dieser Anlagen kommen mehrere Stunden ohne Strom aus, so dass nahezu überall zu den Liedern getanzt, geschunkelt und gesungen werden kann.
9. **Wann geht es los?** Feste, die mit den Familien stattfinden, sollten zu einem Tag und zu einer Uhrzeit geplant werden, die auch für Berufstätige, Alleinerziehende und Familien mit einem Baby geeignet sind. Für ein Fest, das nach Kindergarten- oder Schulschluss stattfindet, genügend Zeit für die Mittagspause einplanen, so dass alle Gäste ohne Stress zum Fest kommen können.
10. **Ablauf:** Jedes Fest sollte nach einem schwungvollen Auftakt mit einer kurzen Begrüßung durch ein Teammitglied und/oder einen Elternvertreter beginnen. Während des Festablaufs immer genügend Zeit zum Spielen und Verweilen einplanen. Die Spielideen müssen in erster Linie die Kinder aus der Einrichtung begeistern.
11. **Geschwisterkinder:** Werden auch ältere Geschwisterkinder eingeladen, empfiehlt es sich, die Spielangebote dieser Altersstufe teilweise anzupassen und die eine oder andere Spielstation für die betreffenden Kinder etwas anspruchsvoller zu gestalten.
12. **Abschluss:** Die Dauer eines Festes will gut überlegt sein. Besser ist es, wenn die Gäste sagen: „Schade, dass es schon vorbei ist!" als „Hoffentlich ist es bald zu Ende!" Wir empfehlen maximal drei Stunden zu feiern und sich nach einem gemeinsamen herzlichen Abschluss zu verabschieden.

Jetzt fehlt nur noch das Programm …
Wir wünschen Ihnen und Ihrem Team viel Spaß bei der Auswahl aus den verschiedenen Spiel- und Aktionsideen dieses Buches, Freude bei den Vorbereitungen und strahlende Kinder- und Erwachsenenaugen, wenn ein Festtag mit einer bunten Mischung aus Musik, Spiel und Tanz zu Ende geht.

Andrea Erkert, Heidi Lindner und Rolf Zuckowski

Ich kenn ein Haus
Ein Begrüßungsfest

Mit dem Eintritt in den Kindergarten oder in die Schule beginnt für jedes Kind ein neuer Lebensabschnitt, der gerne gefeiert wird. Da sind nicht nur die neuen Kinder, sondern auch deren Eltern, Verwandte und Paten herzlich eingeladen. Dadurch, dass auf die Kinder viel Neues zukommt, kann trotz großer Vorfreude natürlich auch die eine oder andere Träne fließen. Ein fröhliches Fest, bei dem die Neulinge von den „alten Hasen" und ErzieherInnen begrüßt und aufgenommen werden, schafft Vertrauen und lässt anfängliche Bedenken und Ängste seitens der neuen Kinder und deren Eltern schnell in den Hintergrund rücken. Denn spätestens wenn die Kinder gelöst und singend nach Hause gehen, kann es keinen Zweifel mehr geben, dass etwas Gutes in ihrem Leben begonnen hat: die Kindergarten- oder Schulzeit!

Vor dem Fest

Herzlich Willkommen bei uns!

Ein an die neuen Kinder gerichtetes Schreiben zeigt, dass sie in der Einrichtung willkommen sind und bereits voller Freude erwartet werden.

Die „herzliche" Einladungskarte können die „alten Hasen" für die Neulinge selbst basteln.

Material: roter Fotokarton, 1 Bleistift, 1 schwarzer dicker Stift, Scheren, Klebstoff, für jedes neue Kind: 1 kopiertes Einladungsschreiben, 1 Briefkuvert; evtl. 1 Fotokopie von der Einrichtung

Vorbereitung: Für jedes neue Kind den Einladungstext und evtl. das Foto der Einrichtung kopieren.

Hallo, liebe(r) .... ,
nun ist es nicht mehr lange hin
bis zu deinem Kindergarten-/Schulbeginn!
Wir freuen uns, dich bald
bei uns begrüßen zu dürfen.
Um diesen besonderen Tag zu feiern,
laden wir dich und deine Eltern,
Verwandten und Paten recht herzlich ein:

am ....
um ....
in ....

Wir können es kaum erwarten,
gemeinsam die Feier zu starten!

Die Kinder malen auf einen roten Fotokarton Herzen im Format von DIN A5. Die aufgemalten Herzen schneiden sie aus. Auf die eine Seite kleben sie den kopierten Einladungstext, auf die andere schreibt entweder die Erzieherin in großen Druckbuchstaben:
„HERZLICH WILLKOMMEN BEI UNS!"
oder die Kinder schreiben die Wörter von einer Tafel ab.
Zum Verschicken falten die Kinder ihre Herzen zur Hälfte und stecken sie in ein Briefkuvert.

Variante

Eine auf der Rückseite aufgeklebte Fotokopie von der Einrichtung zeigt den neuen Kindern, in welchen Kindergarten/in welche Schule sie bald gehen werden.

Willkommen-Banner

Tücher oder Plakate, auf denen alle Kinder der Gruppe zu sehen sind, haben den Vorteil, dass die neuen Kinder sich in aller Ruhe ihre zukünftigen Spielkameraden anschauen können.

Material: 1 weißes Leintuch und Stoffmalfarben oder 1 großes Plakat und Plakafarben, von jedem Kind der Gruppe ein Foto

Auf ein großes Leintuch oder Plakat „Herzlich Willkommen" schreiben. Den Rest gestalten die Kinder kreativ, indem sie entweder allein oder mit Hilfe älterer Kinder ein großes Herz oder Blumen auf das Leintuch malen. Jedes Kind klebt ein Foto von sich selbst und den ErzieherInnen auf die einzelnen Herzen bzw. Blumen und schreibt seinen Namen dazu.
Das Willkommen-Banner in der Nähe des Eingangsbereichs anbringen. So treten die Neuen bestimmt doppelt so gerne in das Haus ein.

Glücksbringer-Luftballons

Luftballons sind immer sehr dekorativ und ein echter Renner auf jedem Kinderfest. Um den Neulingen viel Glück und Erfolg für ihren neuen Lebensabschnitt zu wünschen, gestalten die „alteingesessenen" Kinder ganz besondere Luftballons.

Material: einfarbige Luftballons, Filzstifte oder gut deckende Farben

Die Kinder zählen ihnen bekannte Glücksbringer auf:
- ein vierblättriges Kleeblatt
- ein Herz
- ein Hufeisen
- einen Schornsteinfeger
- einen Glückspilz

Jedes Kind bläst einen Luftballon auf, den es verknotet oder von der Erzieherin verknoten lässt. Die Kinder malen einen Glücksbringer auf ihren Luftballon.

Tipp
Sollen die Luftballons im Raum aufgehängt werden, beim Bemalen darauf achten, dass der Knoten des Luftballons in Richtung Decke zeigt.

Sonnenblumen für die Neuankömmlinge

Sonnenblumen verleihen dem Raum eine warme Atmosphäre und sind hervorragend geeignet, um die neuen Kinder besonders liebevoll zu empfangen.

Material: Bodenvasen, 1 Sonnenblume für jedes neue Kind

Um die Vorfreude der Kinder auf die Neuankömmlinge zu steigern, kann man ein bis zwei Tage vor der Feier mit den Kindern ein großes Sonnenblumenfeld, das sich meist in der Nähe eines Bauernhofs befindet, besuchen und gegen ein geringes Entgeld jede Menge Sonnenblumen pflücken. Zurück in der Einrichtung die Sonnenblumen in mit Wasser gefüllte Bodenvasen stellen, die schließlich im Festraum verteilt werden. Auf diese Weise erhält man eine besonders schöne und ansprechende Raumdekoration. Am Ende des Festes überreichen die Kinder den Neulingen jeweils eine Sonnenblume.

Wir basteln ein Haus

Für die Liedaufführung „Ich kenn ein Haus" (s. S. 20) eignet sich ein einfach herzustellendes Papphaus.

Material: 1 großer Umzugskarton, gut deckende Farben, Pinsel, 1 großes Gruppenfoto pro Fenster, Klebstoff

Auf die Pappschachtel eine Türe und bis zu sechs Fenster aufmalen.
Entlang des linken und oberen Türrahmens schneiden, so dass die Türe geöffnet werden kann.
Das Haus mit einer hellen Farbe anmalen. Auf diese Weise kommen die farbigen Fotos gut zur Geltung.
Auf jedes Fenster ein großes Gruppenfoto kleben.

Hindergrundbild für das Kaspertheater

Material: 1 großes weißes Plakat (für den Bühnenhintergrund), 1 Bleistift, gut deckende Farben, pro Kind 1 Malerkittel

Auf ein großes weißes Plakat zeichnet die Spielleitung ein Gewächshaus mit unterschiedlichen Gemüsesorten wie Tomaten, Gurken und Salat. Eine Gruppe von drei bis vier Kindern zieht ihre Malkittel an und malt mit den Farben die Gemüsesorten aus.

Das Kasperstück vorbereiten

Material: pro PuppenspielerIn 1 Kopie des Kasperstücks (s. S. 10)

Das Kasperstück kann von ErzieherInnen oder Mitgliedern der Elternschaft vorgespielt werden. Um das Stück gut einüben zu können, den SpielerInnen frühzeitig eine Kopie des Stücks aushändigen. In der Einrichtung den SpielerInnen ausreichend Gelegenheit zum Üben bzw. Spielen geben.

Das Fest beginnt

Als kleines Begrüßungsständchen eignet sich der Refrain des Liedes „Im Kindergarten" (s. S. 14), zu dem es im weiteren Verlauf noch ausführliche Anregungen gibt.
Nach Begrüßungsworten durch die Leitung und gegebenenfalls den Elternbeirat, beginnt das Fest.

Kaspertheater „Ich kenn ein Haus"

Kinder lieben die lustigen und spannenden Geschichten vom fröhlichen Kasper und den anderen Figuren, die sie mitreißen und zum Lachen bringen. Besonders aufmerksam sind die Kinder bei aktuellen Spielhandlungen wie Kindergarten- oder Schulanfang. Dabei springt die Vorfreude des Kaspers wie ein Funke auf das junge Publikum über, so dass mögliche Ängste abgebaut und das Ich-Vertrauen der Neulinge gestärkt wird.

Material: CD Nr. 2 „Ich kenn ein Haus", 1 Kaspertheater, 1 Gong oder 1 Triangel, 1 großes gemaltes Bild, auf dem ein Gewächshaus mit unterschiedlichen Gemüsesorten zu sehen ist, die Spielpuppen Kasper, Großvater, Großmutter, Seppel und König
PuppenspielerIn: 1–5 Personen

Vorbereitung

Für einen erfolgreichen Spielverlauf sind folgende Punkte wichtig:

- ✦ Bitten Sie kleinere Kinder sich nach vorne und größere Kinder sich nach hinten zu setzen. So können alle gut sehen.
- ✦ Benutzen Sie z. B. eine Glocke oder Triangel, um das Stück möglichst störungsfrei anzukündigen.
- ✦ Sprechen Sie laut, deutlich und nicht zu schnell, so dass auch die ZuhörerInnen in der hintersten Reihe Sie gut verstehen können.
- ✦ Achten Sie darauf, dass nur die Puppe und nicht Sie selbst auf der Bühne erscheint.
- ✦ Gehen Sie mit Freude an die Aufführung, dann wird sich Ihre Begeisterung rasch auf das junge Publikum übertragen.

1. AKT

Im Hintergrund: geschlossener Vorhang

Kasper: Guten Tag Kinder! Seid ihr alle da? Das finde ich toll. Denn ich bin ganz verzweifelt auf der Suche nach einem Haus mit vielen Kindern, die miteinander singen, lachen und spielen (für Schulanfang: schreiben und rechnen). Wollt ihr mir behilflich sein? Gut, dann lasst uns gemeinsam losgehen und suchen!

Kasper geht suchend auf der Bühne auf und ab. Da begegnet ihm der Großvater.

Großvater: Hallo Kasper! Was suchst du denn?

Kasper: Ach, Großvater, wenn ich nur wüsste, wo sich ein Haus mit vielen Kindern befindet, dann wäre ich der glücklichste Kasper, den es auf einer Kasperbühne je geben hat.

Der Großvater ist etwas schwerhörig und fragt nach.

Großvater: Mmm? Was ist mit einer Maus?

Kasper: Nein, ich meine doch keine Maus, sondern ein Haus!

Großvater: Wie bitte? Du meinst ein Haus für eine Maus?

Kasper: Nein, ich meine ein H A U S!!! 1–2–3

Großvater: Sag' ich doch, du meinst eine Hausmaus!

Kasper *(zu den Kindern)*: Liebe Kinder, ihr müsst mir helfen! Wenn ich bis drei zähle, dann rufen wir alle ganz laut: Ein H A U S!!!

Alle Kinder rufen ganz laut: „Ein H A U S!!!"

Großvater: Warum sagst du das nicht gleich? Natürlich wohne ich in einem Haus. Aber warum möchtest du das wissen?

Kasper: Oh nein! Ich meine doch nicht dein Haus, sondern ein Haus mit vielen Kindern, die miteinander singen, lachen und spielen (bzw. schreiben und rechnen). Vielleicht sollte ich besser die Großmutter fragen. Tschüß ... und vielen Dank!

Großvater: Was ist mit dem Schrank?

Kasper: Nichts! Auf Wiedersehen!

Der Kasper winkt dem Großvater zu und verlässt die Bühne. Der Vorhang wird geschlossen.

2. AKT

Im Hintergrund: ein Bild, auf dem ein Gewächshaus mit vielen Gemüsesorten zu sehen ist.

Die Großmutter steht vor dem Gewächshaus. Kasper kommt auf die Bühne und winkt ihr zu.

Kasper: Hallo Großmutter!

Großmutter: Hallo Kasper! Wie schön, dass du mich besuchen kommst! Wie geht es dir?

Kasper: Eigentlich ganz gut. Doch ich suche ein Haus ...!"

Großmutter: Ach, du suchst das Gewächshaus! Ja, das befindet sich direkt vor deiner langen Kaspernase. Schau her, hier gibt es Tomaten, Gurken, Salat ...!

Kasper: Entschuldige, dass ich dich unterbreche, aber ich meine doch kein Gewächshaus, sondern ein Haus mit vielen Kindern, die miteinander singen, lachen und spielen (bzw. schreiben und rechnen).

Großmutter: Warum sagst du das denn nicht gleich? Natürlich kenne ich ein solches Haus. Schließlich war ich auch einmal so alt wie du. Doch das ist wirklich schon sehr lange her, so dass ich den Weg zu dem Haus bereits vergessen habe.

Kasper: Schade! Dann muss ich eben weiter nach diesem Haus suchen! Trotzdem vielen Dank!

Großmutter: Auf Wiedersehen Kasper! Und viel Glück bei deiner Suche!

Die Großmutter winkt dem Kasper zu, der von der Bühne geht. Der Vorhang wird geschlossen.

3. AKT

Im Hintergrund: geschlossener Vorhang

Kasper betritt die Bühne und setzt sich nachdenklich auf den Bühnenrand.

Kasper: Jetzt weiß ich wirklich nicht mehr weiter. Weder der Großvater noch die Großmutter kennen den Weg zu dem Haus. Was soll ich bloß machen?

Seppel kommt auf die Bühne und bleibt stehen, da er von Ferne den etwas traurig und enttäuscht wirkenden Kasper sieht.

Seppel: Ach, da sitzt ja mein Freund, der Kasper. Aber wie schaut denn der Kasper aus? Kinder, könnt ihr mir vielleicht sagen, was mit dem Kasper los ist?

Nun sollen die Kinder antworten. Tun sie es nicht, fragt der Seppel noch einmal nach. Das, was er hört, wiederholt er laut, damit alle verstehen, was einzelne Kinder sagen. Dann geht er zum Kasper.

Seppel: Hallo Kasper! Ich habe von den Kindern hier gehört, dass du auf der Suche nach einem Haus mit vielen Kindern, die miteinander singen, lachen und spielen (bzw. schreiben und rechnen) bist. Kann ich dir dabei helfen?

Kasper dreht sich voller Freude zum Seppel.

Kasper: JAAA! Lieber guter Seppel, bitte zeige mir den Weg zu dem Haus!

Seppel: Leider kenne ich kein so tolles Haus. Aber warte, ich muss kurz nachdenken!

Der Seppel fasst sich an den Kopf und denkt nach. Nach einer kurzen Pause hebt er den Kopf und schaut Kasper an.

Seppel: Ich habe eine Idee. Vielleicht kann dir unser König helfen!

Kasper: Ja richtig, der König weiß das ganz bestimmt. Schließlich ist er der weiseste Mann im Land und kennt sich hier besonders gut aus. Ich werde am besten gleich zum König laufen! Vielen Dank, Seppel! … und tschüß!

Seppel: Gerne! Bis bald und viel Erfolg!

Kasper geht von der Bühne und winkt Seppel dabei zu.

4. AKT

Im Hintergrund: geschlossener Vorhang

Kasper kommt auf die Bühne und geht ganz langsam zur anderen Seite.

Kasper: So, nun dürfte es nicht mehr weit bis zum König sein. Von Ferne kann ich das königliche Schloss schon sehen. Jetzt sind es nur noch ein paar Schritte. Nun muss ich dreimal kräftig klopfen, dann kommt hoffentlich der König heraus.

Während der Kasper dreimal an den Bühnenrand klopft, stampft der Puppenspieler dreimal kräftig auf den Boden.

König: Wer klopft denn da an meine königliche Schlosstüre?

Kasper: Ich bin's! Der Kasper!

Der König betritt die Bühne. Gleichzeitig geht der Kasper einen großen „Schritt" zurück, so dass beide Figuren, die sich gegenüber stehen, auf der Bühne gut zu sehen sind.

König: Sei gegrüßt mein lieber Kasper! Was kann ich für dich tun?

Kasper: Ach, mein lieber verehrter, hochwürdiger König. Darf ich dich etwas fragen?

König: Natürlich! Sage mir, welches Anliegen dich zu mir führt?

Kasper: Kennst du vielleicht ein Haus mit vielen Kindern, die miteinander singen, lachen und spielen (bzw. schreiben und rechnen)?

König: Sicherlich ist mir ein solches Haus bekannt!

Kasper: Dann sag' doch schnell, wo ich das Haus finde!

König: Langsam Kasper. Damit du mit allen Kindern im Raum dieses Haus kennen lernst, möchte ich euch ein Lied vorsingen, bei dem die Kinder und Eltern jede Zeile wie ein Echo nachsingen können. Nun frage ich das hochverehrte Publikum: Wollt ihr das tun?

Alle Kinder und teilweise die Erwachsenen rufen ganz laut: „Ja!"

König: Und was ist mit den Erwachsenen? Ich frage euch noch einmal: Wollt auch ihr so begeistert wie die Kinder mitsingen?

Die Erwachsene rufen ganz laut: „Ja!"

König: Ach, wie schöööön! Nun also aufgepasst und mitgemacht! Jede Zeile, die ich singe, singt ihr nach!

> Ich kenn ein Haus, *ich kenn ein Haus,*
> schaun viele Kinder raus, *schaun viele Kinder raus,*
> durch bunt bemalte Scheiben, *durch bunt bemalte Scheiben,*
> lachen sie dir ins Gesicht, *lachen sie dir ins Gesicht,*
> Langeweile gibt es nicht. *Langeweile gibt es nicht.*
> Komm doch mal zu uns, *komm doch mal zu uns*
> herein! *Herein!*

Der/die PuppenspielerIn kann dieses Lied gut ohne Begleitung singen. Das Publikum wiederholt jede Zeile des Königs wie ein Echo.

Kasper: Ja, genau so ein Haus habe ich gemeint. Bitte sag' mir schnell, wie ich zu dem Haus komme.

König: Du bist aber auch wirklich ein drolliger kleiner Kasper. Merkst du denn gar nicht, dass wir beide schon mitten drin sind in diesem Haus? Da sind doch die Kinder, die so gern miteinander singen, lachen und spielen. Stimmt das Kinder?

Alle Kinder rufen ganz laut: „Ja!"

Kasper: Ach so, ihr seid das! *(kurze Pause – Kasper denkt nach)* Juhu! Ich bin am Ziel. Vielen Dank, verehrter König, und vielen Dank, Kinder! Viel Spaß noch, auf Wiedersehen und bis bald Kinder!

Kasper und König winken den Kindern zu.

Im Kindergarten

Nr. 3 – Musik und Text: Rolf Zuckowski

„Im Kindergarten"-Bewegungslied

Material: 1 Hut, 1 Aktentasche, 1 Puppe, 1 grünes T-Shirt, 1 Polizeikelle, 1 Schiefertafel, 1 weiße Tafelkreide, 1 schwarzer Umhang (oder Tuch), 1 Gesangbuch, 1 weißes T-Shirt, 1 kleines Schiff aus Papier oder Plastik

Die Kinder, die verschiedene Personen des Liedes verkörpern, nehmen ihre Requisiten bzw. ziehen sie an (s. u.). Die Kindergruppe, die das Lied vorträgt, bildet einen Halbkreis, so dass sie zum Publikum guten Blickkontakt hat.

1. Wo hat der Bürgermeister schon im Sand gespielt
und sich im tiefen Matsch so richtig wohl gefühlt?
Ein Kind mit einem Hut auf dem Kopf und einer Aktentasche unter dem Arm spielt den Bürgermeister und macht einen Schritt nach vorne. Alle anderen Kinder tun so, als ob sie in den Matsch hineingreifen würden. Der „Bürgermeister" tritt wieder zurück.
Wo zupfte seine Frau den Puppen alle Haare aus?
Ich glaub, sie weiß es noch genau:
Ein Kind mit einer Puppe im Arm macht einen Schritt nach vorne. Die übrigen Kinder stellen dar, wie die „Frau des Bürgermeisters" die Haare herauszupft, indem sie an ihren eigenen Haarspitzen zupfen. „Frau des Bürgermeisters" geht wieder einen Schritt zurück.

Refrain
Im Kindergarten, im Kindergarten,
da fangen alle mal als kleine Leute an.
Die Kinder gehen in die Hocke und machen sich ganz klein.
Im Kindergarten, im Kindergarten,
und wenn sie groß sind, fragen sie sich irgendwann,
wie nur die Zeit so schnell vergehen kann?
Sie stehen auf, stellen sich auf die Zehenspitzen und strecken ihre Arme in die Luft. Dann stellen sie sich wieder locker hin.

2. Wo hat der Polizist sich im Gebüsch versteckt
und immer wieder neue Streiche ausgeheckt?
Ein Kind mit einem grünen T-Shirt und einer Polizeikelle in der Hand tritt nach vorne. Die übrigen Kinder schauen sich gegenseitig fragend an. Der „Polizist" stellt sich wieder auf seinen Platz.
Wo war die Lehrerin gefangen in der Räuberhöhle
als entführte Königin?
Die „Lehrerin", die eine Schiefertafel und weiße Kreide in den Händen hält, tritt einen Schritt nach vorne. Die Kinder stellen die Ge-

fangenschaft dar, indem sie sich paarweise an den Armen packen. Die „Lehrerin" geht wieder zu ihrem Platz.

Refrain
Im Kindergarten, im Kindergarten, ...
s. o.

3. Wo hat der Pfarrer seine Fäuste ausprobiert
und hin und wieder einen kleinen Kampf riskiert?
Ein Kind mit einem schwarzen Umhang um die Schultern und einem Gesangbuch in den Händen tritt nach vorne. Die anderen Kinder machen Fäuste und boxen in der Luft herum. Der Pfarrer tritt wieder zurück.
Wo war der Kapitän bei Hagel, Blitz und Donner in der Koje unterm Tisch zu sehn?
Ein Kind mit einem weißen T-Shirt hält ein kleines Schiff in den Händen und tritt nach vorne. Alle anderen Kinder spreizen leicht ihre Beine, bücken sich nach vorne, schauen zwischen ihre Beine und tun so, als ob sie den „Kapitän" in der Koje unterm Tisch entdecken würden. Am Ende geht der „Kapitän" wieder einen Schritt zurück.

Refrain
Im Kindergarten, im Kindergarten, ...
s. o.

Seid ihr alle da? – eine kleine Vorstellung

Für eine entspannte Atmosphäre bieten sich die folgenden Verse an, bei denen auch die neuen Kinder und deren Eltern gleich mitwirken können. Voraussetzung hierfür ist, dass alle Kinder die Handpuppe auf der Bühne gut sehen können.

Material: 1 Handspielpuppe (ca. 65 cm groß)

Ein Erwachsener streift sich die Handspielpuppe über die Hand und spielt mit verstellter Stimme ihre Rolle.
Handspielpuppe, z. B. Tina, singt laut den Refrain des Liedes „Im Kindergarten" (s. S. 14):

Im Kindergarten, im Kindergarten,
da fangen alle mal als kleine Leute an.
Im Kindergarten, im Kindergarten,
und wenn sie groß sind, fragen sie sich irgendwann,
wie nur die Zeit so schnell vergehen kann?

Tina: Hallo Kinder, ich heiße Tina und freue mich euch zu sehen! Seid ihr alle hier, dann ruft ganz laut: JA!
Alle Kinder rufen laut.
Tina: Sind auch alle Eltern da? Dann ruft bitte ganz laut: JA!
Alle Eltern rufen laut.
Tina: Und wer ist von euch zum ersten Mal da? Ruft bitte ganz laut: ICH!
Die neuen Kinder rufen laut.
Tina: Jetzt dürfen alle Mädchen aufstehen. So kann ich euch gleich viel besser sehen!
Alle Mädchen stehen auf.
Tina: Nun stehen alle Jungen auf. So kann ich auch euch viel besser sehen!
Die Jungen stehen auf.
Tina: Jetzt heben alle neuen Kinder ihre Kindergartentasche (oder Schultüte) hoch. Denn heute ist wirklich ein ganz besonderer Tag in eurem Leben.
Die Kinder heben ihre Kindergartentasche/Schultüte in die Luft.
Tina: Vielleicht fühlt ihr euch noch etwas allein. Doch das wird nun gleich anders sein! Alle Kinder winken sich gegenseitig zu. Dabei ruft ihr ganz laut: Hallo du!
Die Kinder winken sich gegenseitig zu und rufen laut.
Tina: Jetzt winken sich alle Eltern gegenseitig zu. Auch sie rufen möglichst laut: Hallo du!
Die Eltern winken sich gegenseitig zu und rufen laut.
Tina: Nun ist der erste Schritt vollbracht und ich muss gehen! Ich winke euch zu und sage: Auf Wiedersehen!
Tina geht von der Bühne und winkt den Kindern zu. Der Vorhang wird geschlossen!

Variante
Wird die Mitmachgeschichte Schulanfängern vorgestellt, singt Tina:
„In unsrer Schule, in unsrer Schule, da fangen alle mal als kleine Leute an ..."

Begrüßungscocktail

Frisch zubereitete Begrüßungscocktails schmecken besonders gut. Bevor die neuen Kinder in den Gruppenraum oder in ihr Klassenzimmer gehen, erhalten alle TeilnehmerInnen einen Begrüßungscocktail.

Zutaten für 20 Cocktails: 40–60 Eiswürfel, etwas Zucker, etwas Wasser, 3 verschiedene Fruchtsäfte (z. B. 1 l Orangensaft, 1 l Traubensaft, 1 l Apfelsaft), 1 große Orange, 40 helle und dunkle kernlose Trauben, 10 Spießchen, 20 Strohhalme; evtl. Vanilleeis, Maracuja- und Pfirsichsaft, Schirmchen

Etwas Wasser in eine Schüssel und etwas Zucker in eine zweite Schüssel geben.
Den Trinkrand der Gläser kurz in die Schüssel mit Wasser tauchen, dann in den Teller mit Zucker drücken, so dass ein Zuckerrand entsteht.
Zwei bis drei Eiswürfel in jedes Glas geben.
Drei verschiedene Fruchtsäfte zu gleichen Teilen in die einzelnen Gläser gießen und mit einem Löffel umrühren.
Für die Hälfte der Gläser fünf Orangenscheiben schneiden und diese halbieren.
Für die andere Hälfte vier Trauben auf einen Schaschlikspieß stecken.
Jeden Cocktail mit einem Strohhalm, einer Orangenscheibe oder einem Traubenspieß servieren.

Variante
In ein Glas eine Kugel Vanilleeis geben und mit Maracuja- und Pfirsichsaft auffüllen. Mit einem Schirmchen und einem Strohhalm servieren.

Tipp
Werden viele Gäste erwartet, die Cocktails eine Stunde vor dem Fest herstellen und auf zwei bis drei von allen Seiten erreichbare Tische stellen.

Spielideen für das Fest

Wo ist der Wollfaden?

Hier lernen die Kinder ihren neuen Gruppenraum kennen und werden sich rasch wohl fühlen.

Material: 4–5 Wollfäden in unterschiedlichen Farben

Die Erzieherin geht mit den Kindern durch den Raum und stellt ihnen die einzelnen Spielbereiche wie Puppen-, Bau- und Bastelbereich vor. Dabei bringt sie bei den einzelnen Spielbereichen immer einen Wollfaden gut sichtbar an. Anschließend bilden die Kinder einen Kreis und die Erzieherin sagt z. B.: „Macht euch auf die Suche nach dem roten Wollfaden!" Stehen alle Kinder vor dem roten Wollfaden, dürfen sie den Spielbereich benennen. Wurde die Aufgabe erfüllt, nennt die Erzieherin eine weitere Farbe. Nach einer Weile wissen alle Kinder, wo sie die einzelnen Spielbereiche finden.

„Ich kenn ein Haus" als Abzählspiel

Um zu ermitteln, wer sich als Nächster der Gruppe vorstellen darf, eignet sich das Lied „Ich kenn ein Haus", das alle Kinder mitsingen können.

Material: CD Nr. 2 „Ich kenn ein Haus"

Bis auf ein Kind stellen sich alle in einen Kreis. Das übrige Kind geht in die Kreismitte und stellt sich laut und deutlich vor. Die Erzieherin spielt das Lied „Ich kenn ein Haus" ab. Während das Lied erklingt, deutet das Kind bei jeder gesungenen Silbe auf die einzelnen Kinder, die nebeneinander im Kreis sitzen. Sobald die Musik stoppt (Pausentaste am CD-Player drücken), darf sich das Kind vorstellen, auf das gerade gezeigt wird. Dann wechseln beide Kinder ihre Plätze und das Spiel geht weiter.

Variante

Für dieses Spiel bieten sich auch bekannte Abzählverse an, die die Kinder entweder singen oder sprechen.

Wie heißt du?

Namensspiele mit Bewegung und Musik machen Spaß und erleichtern die Kontaktaufnahme, da die Kinder sich bewegen und leicht mitmachen können.

Material: CD Nr. 3 „Im Kindergarten", 1 Kindergartentasche oder 1 kleine Schultüte

Alle Kinder sitzen dicht beieinander im Kreis. Ein beliebiges Kind erhält eine Kindergartentasche. Sobald das Lied „Im Kindergarten" von der CD erklingt, steht das Kind auf, um die Tasche einem anderen Kind zu geben. Dabei wechseln die beiden Kinder ihre Plätze. Das zweite Kind gibt wieder die Tasche weiter und wechselt seinen Platz. Das geht so lange, bis die Musik plötzlich stoppt (Pausentaste am CD-Player drücken). Jetzt darf sich das Kind, das gerade die Tasche hat, mit seinem Namen vorstellen. Dabei schüchternen Kindern sacht und liebevoll auf die Sprünge helfen. Die Musik wieder einschalten und das Spiel geht weiter.

Wem gehört die Kindergartentasche?

Mit dem Eintritt in den Kindergarten bringen die Kinder in der Regel ihre Kindergartentasche und zur Einschulung natürlich ihren Schulranzen mit. Darauf sind sie mächtig stolz. Schließlich gehören sie jetzt zu den Großen und das wollen sie auch zeigen. Bei diesem Spiel lernen sich die Kinder so ganz nebenbei auch kennen.

Material: Kindergartentaschen oder Schultüten bzw. Schulranzen

Alle Kinder legen ihre Kindergartentasche in die Stuhlkreismitte. Die Kinder setzen sich wieder auf ihren Platz und warten gespannt ab, bis die Erzieherin sich eine Tasche holt und diese irgendeinem Kind übergibt. Sollte die Tasche dem Kind nicht gehören, gibt es sie an seinen rechten Nachbarn weiter und der wieder weiter, bis die Tasche in den Händen des Besitzers ist. Das betreffende Kind steht auf und sagt seinen Vornamen. Schüchternen Kindern macht die Erzieherin Mut.

Alle Kinder begrüßen z. B. den Max und sagen: „Max, wir wollen dich begrüßen und stampfen vor Freude mit den Füßen!" Jetzt holt sich das Kind eine weitere Tasche und gibt sie einem beliebigen Kind aus der Gruppe. Das geht so lange, bis alle Kinder ihre Taschen wieder haben.

Variante

Das Spiel kann auch mit von den Kindern eingereichten Pfändern gespielt werden.

Erinnerungsgeschenk im Raum suchen

Wo ist das Geschenk versteckt? Alle Kinder helfen beim Suchen.

Material: 1 Stofftaschentuch, pro Kind 1 kleines Geschenk (z. B. 1 Flummi, 1 Lupe, 1 Gummitwist, 1 Kartenspiel oder etwas Selbstgebasteltes oder -gemaltes)

Die Kinder setzen sich in einen Stuhlkreis. Die Erzieherin wählt ein Kind aus und bittet es, die Augen zu schließen. Ein weiteres Kind darf ein kleines Geschenk unter einem Stofftaschentuch im Raum verstecken. Die Erzieherin bittet das Kind seine Augen zu öffnen. Das Kind begibt sich auf die Suche nach dem geheimnisvollen Geschenk, das unter dem Taschentuch liegt. Sobald das Kind in die Nähe des Taschentuchs gelangt, rufen alle Kinder „warm" oder gar „heiß". Sollte das Kind sich immer weiter vom Taschentuch entfernen, rufen alle erst „kalt" und schließlich „eiskalt". Auf diese Weise wird das Spiel immer weitergeführt, bis das Kind das Taschentuch gefunden hat. Nun darf es unter das Taschentuch schauen und das Geschenk holen. Vielleicht kann das Kind den Fundort bzw. den Spielbereich sogar richtig benennen?

Ich kenn ein Haus

Nr. 2 – Musik und Text: Rolf Zuckowski

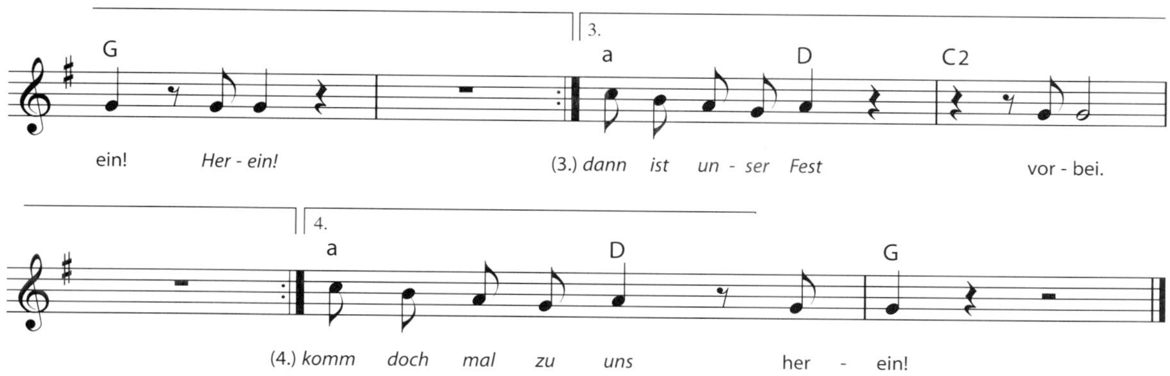

Das Fest klingt aus

Zum Abschluss des Festes kommen alle Gäste noch einmal zusammen.

„Ich kenn ein Haus“ als Abschlusslied

Dieses Lied eignet sich besonders gut für einen gemeinsamen Festausklang, da alle übrigen Kinder und Eltern jede Zeile wie ein Echo singen und sämtliche Bewegungsabläufe mitmachen können. Die Sängergruppe stellt sich wie zu Beginn im Halbkreis vor dem Publikum auf. Zwischen der Gruppe und dem Publikum stellt die Erzieherin ein großes Pappkartonhaus (s. S. 9) auf den Boden.

Material: CD Nr. 2 „Ich kenn ein Haus“

1. Ich kenn ein Haus,
Alle Kinder deuten auf sich selbst und zeigen dann auf das Pappkartonhaus.
(ich kenn ein Haus,)
Die Wiederholung immer leise singen wie ein Echo
schaun viele Kinder raus,
(schaun viele Kinder raus,)
Sie halten eine Hand an die Stirn und schauen umher.
durch bunt bemalte Scheiben
(durch bunt bemalte Scheiben)
Mit den Fingern zeichnen die Kinder einen Fensterrahmen, bzw. ein Quadrat in die Luft.
lachen sie dir ins Gesicht,
(lachen sie dir ins Gesicht.)
Die Kinder lächeln einander an.
Langeweile gibt es nicht.
(Langeweile gibt es nicht.)
Sie schütteln mit dem Kopf.

Komm doch mal zu uns,
(komm doch mal zu uns)
herein!
(Herein!)
Die Kinder strecken ihre Arme nach vorne aus und winken die einzelnen Kinder in das Haus herein.

2. Ich kenn ein Haus,
(ich kenn ein Haus,)
Die Kinder deuten auf sich selbst und dann auf das Pappkartonhaus.
da gibt's ein Fest,
(da gibt's ein Fest,)
mit selbst gebacknem Kuchen,
(mit selbst gebacknem Kuchen,)
Alle Kinder tun so, als ob sie einen großen runden Kuchen mit beiden Händen vor ihrem Oberkörper halten würden (oder in einer Teigschüssel rühren).
Limonade und Kakao,
(Limonade und Kakao,)
Die Kinder stellen pantomimisch dar, wie sie aus einer Flasche trinken.
Tanzen, Springen und Radau.
(Tanzen, Springen und Radau.)
Die Kinder springen einmal in die Luft.
Komm doch mal zu uns,
(komm doch mal zu uns)
herein!
(Herein!)
Sie strecken ihre Arme nach vorne aus und führen die Hände zur Brust. Auf diese Weise bitten sie die einzelnen Kinder wieder einzutreten.

3. Ich kenn ein Haus,
(ich kenn ein Haus,)
Die Kinder deuten auf sich selbst und schließlich auf das Pappkartonhaus.
da wird gelacht
(da wird gelacht)
und ziemlich laut gesungen,
(und ziemlich laut gesungen,)
bis wir alle müde sind,
(bis wir alle müde sind.)
Die Kinder stellen dar, wie müde sie sind. Dabei neigen sie ihren Kopf zur rechten Seite und lassen ihn auf beiden Händen ruhen.
Erst die Eltern, dann das Kind.
(Erst die Eltern, dann das Kind.)
Dann ist unser Fest
(dann ist unser Fest)
vorbei.

Tipp

Die 4. Strophe wird nur gesungen, wenn das Lied von der CD erklingt.

Wie schön, dass du geboren bist
Eine Kindergeburtstagsfeier

Voller Freude, Aufregung und Ungeduld fiebern Kinder ihrem Geburtstag entgegen. Schließlich gibt es kaum ein anderes Fest, bei dem sich fast alles so sehr um die Wünsche des gastgebenden Kindes dreht. Damit der Geburtstag für alle Beteiligten zu einem unvergesslichen Erlebnis wird, können für die Feier auch außergewöhnliche Orte wie eine Lichtung im Wald, eine Wiese, ein Spielplatz oder gar ein Freibad ausgewählt werden. In diesem Kapitel werden zahlreiche Anregungen und Mitmachideen für drinnen und draußen vorgestellt. Nicht zuletzt sorgt natürlich auch Rolfs liebevoller Geburtstagsklassiker „Wie schön, dass du geboren bist!" dafür, dass das Kind an seinem Ehrentag besonders gewürdigt wird.

Vor dem Fest

Luftballon-Einladung

Wer die Neugierde und Freude der Kinder auf die bevorstehende Geburtstagsfeier steigern möchte, bastelt eine Luftballon-Einladung.

Material: Zettel, Stifte, pro Gast 1 Luftballon und 1 Ballontragestab, Wollreste, evtl. bunte Transparentpapierreste, Kleister

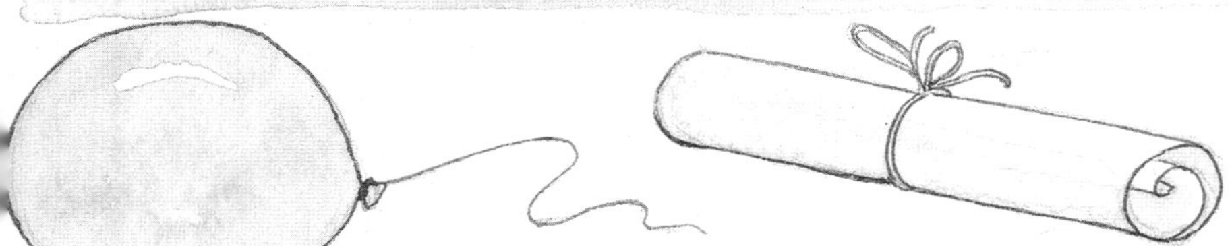

Für jeden Gast auf einen kleinen Zettel die oben aufgeführte Einladung schreiben oder kopieren.
Die Einladungen zusammenrollen und mit einem Stück Wolle an den Ballonstab binden.
Die Luftballons aufblasen, verknoten und an jeweils einem Ballontragestab anbringen.
Das Geburtstagskind überreicht die Luftballon-Einladungen seinen Gästen etwa eine Woche vor der geplanten Geburtstagsfeier.

Variante
Die Luftballons sehen schön bunt aus, wenn sie mit Transparentpapierresten beklebt werden.

Geburtstagskuchen mit Wunderkerzen

Bei diesem leckeren Rührkuchen aus Dinkelmehl können bereits jüngere Kinder mithelfen.

Material: 1 Napfkuchenform, Alufolie, pro Lebensjahr 1 Wunderkerze
Zutaten: 250 g Margarine, 200 g Zucker, 1 Päckchen Vanillinzucker, 4 Eier, 500 g Dinkelmehl, 1 Päckchen Backpulver, ⅛ l Milch, 6 EL Kakao, 1 Tafel Vollmilchschokolade, etwas Puderzucker

Die Margarine schaumig rühren.
Den Zucker und alle Eier unterrühren.
Das Mehl mit dem Backpulver in einer zweiten Schüssel mischen und portionsweise den anderen Zutaten mit etwas Milch zufügen, bis der Teig schwer reißend vom Löffel fällt.
Die Napfform einfetten.
Die Tafel Schokolade in kleine Stückchen zerteilen.
Den Teig halbieren und die Schokostückchen unter die eine Hälfte heben.
Die andere Hälfte des Teiges mit dem Kakao und der restlichen Milch verrühren.
Die Napfkuchenform esslöffelweise abwechselnd mit den beiden Teigen füllen.
Den Kuchen auf der untersten Schiene des vorgeheizten Ofens bei 175° C etwa 80 Minuten backen und auf einem Gitter erkalten lassen.
Wer möchte, kann den Kuchen mit etwas Puderzucker bestäuben.

Dekoration
Das Drahtende der Wunderkerzen mit etwas Alufolie umwickeln und in den Kuchen stecken.

Geburtstags-Tischdekoration

Ein farbenfroh gedeckter Geburtstagstisch macht Partylaune und sorgt dafür, dass sich das Geburtstagskind und seine Gäste rundum wohl fühlen.

Material: 1 farbenfrohe Tischdecke, Servietten, Teegeschirr der Kinder, Luftschlangen, Glitter-Sterne, Geburtstagsstuhl (s. S. 26), Foto-Ständer als Tischkarten (s. S. 25), Begrüßungscocktails (s. S. 17), Wasser, Früchtetee

Die Kinder decken den Geburtstagstisch mit Tischdecke, Teegeschirr und bunten Servietten. Auf dem Tisch verteilen sie Luftschlangen und Glitter-Sterne. Der Geburtstagsstuhl für das Geburtstagskind erhält einen besonderen Platz. Das Geburtstagskind verteilt die Foto-Stecker auf dem Tisch, so dass die Gäste wissen, wo sie Platz nehmen dürfen. Zum Trinken gibt es die Begrüßungscocktails, Wasser oder Früchtetee.

Foto-Ständer als Tischkarten

Ähnlich wie bei der Verwendung von Tischkarten kann das Geburtstagskind mit Hilfe der Foto-Ständer bestimmen, wer neben wem sitzen darf.

Material: pro Kind 1 kleine leere Blechdose (z. B. von Linsen oder Bohnen), Wasser, 1 Geschirrtuch, Lackmarker in verschiedenen Farben, etwas Sand oder Erde, 1 Schaschlikspieß, 1 Stück doppelseitiges Klebeband und pro Kind 1 Namensschild aus Tonpapier; evtl. 1 Passfoto

Die Kinder waschen die Dosen aus, entfernen das Etikett und trocknen sie mit einem Geschirrtuch ab.
Die Kinder bemalen die Dosen mit Lackmarker und füllen sie fast bis zum Rand mit Sand oder Erde, in die sie einen Schaschlikspieß stecken. An dem anderen Ende des Schaschlikspießes befestigen die Kinder mit Hilfe des doppelseitigen Klebebands ein aus Tonpapier angefertigtes Namensschild.

Variante

Statt des Namensschildes befestigen die Kinder ihr Passfoto an dem Schaschlikspieß.

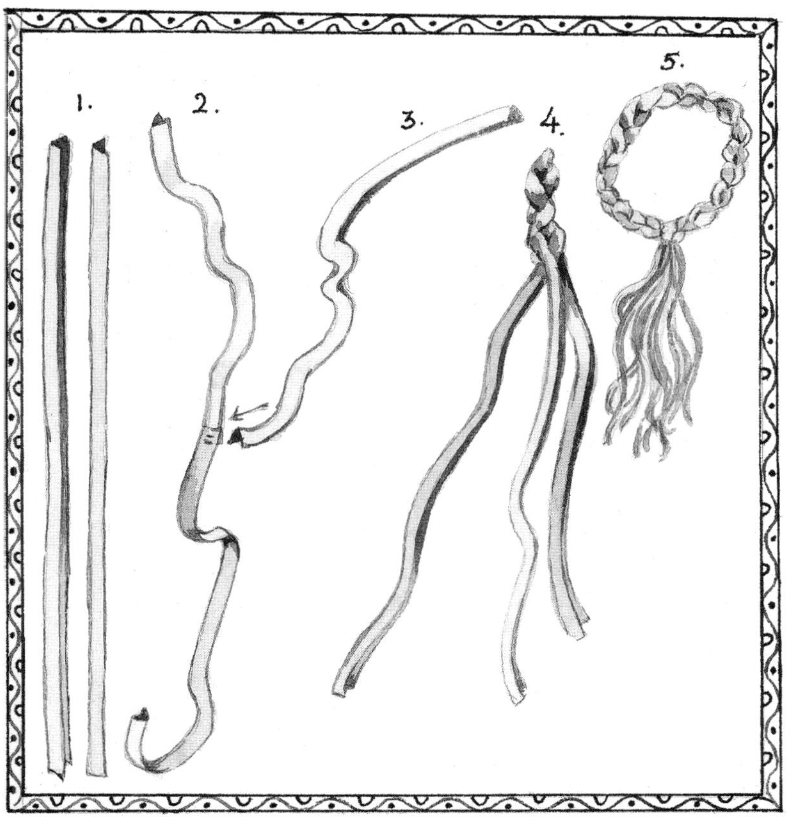

Geburtstagskränzchen

Auch ein hübsches Geburtstagskränzchen hebt das Geburtstagskind von den übrigen Gästen ab.

Material: 3 verschiedenfarbige Krepppapierstreifen (ca. 6 cm breit, 120 cm lang), 1 Schere, 1 Tacker, Heftklammern; evtl. Sicherheitsnadel oder doppelseitiger Klebestreifen

Die Krepppapierstreifen der Länge nach zur Hälfte zusammenfalten.
Zwei Streifen direkt nebeneinander legen.
Die Enden der beiden Streifen aufeinander legen und zusammentackern.
Zwischen die miteinander verbundenen Streifen ein Ende des dritten Streifens tackern.
Die drei Streifen zu einem lockeren Zopf flechten.
Ist das Band so lang, dass es als Kränzchen auf den Kopf passt, die Enden zusammentackern.
Die drei herabhängenden Enden zu schmalen Fransen schneiden.

Variante

Möchte das Kind weder einen Kranz noch eine Mütze aufsetzen, erhält es eine Geburtstagsschleife. Diese wird aus einem Krepppapierstreifen angefertigt und mit Hilfe einer Sicherheitsnadel oder eines doppelseitigen Klebestreifens auf dem Pullover des Kindes angebracht.

Geburtstagsschildmütze

Damit das Geburtstagskind für alle Gäste gut zu erkennen ist, bekommt es eine pfiffige Geburtstagskappe.

Material: 1 Schildmütze aus Baumwolle, Stoffmalstifte

Auf die Schildmütze den Vornamen und das Alter des Geburtstagskindes schreiben. Hierzu eignen sich besonders gut Stoffmalstifte, die nach einem Tag oder sofort nach dem Bügeln bis 60 °C waschbar sind. Das Geburtstagskind selbst darf die Mütze frei gestalten und Motive wie einen Schmetterling oder eine Blume auf seine Mütze malen.

Geburtstagsstuhl

Jeder beliebige Stuhl lässt sich leicht umgestalten. Schön geschmückt kommt es besonders im Stuhlkreis gut zur Geltung.

Material: 1 Stuhl, Krepppapierstreifen, bunte Papierschnipsel, Bonbons, Klebestreifen

An einen Stuhl verschiedene Papierschnipsel, kleine Basteleien und Bonbons befestigen sowie Krepppapierstreifen binden und ihn so dekorativ schmücken.

Geburtstags-Bollerwagen

Der Geburtstags-Bollerwagen ist bei Kindern sehr beliebt und bietet sich v. a. auch für eine Geburtstagsfeier im Freien (z. B. im Wald) an.

Material: 1 Bollerwagen, 1 Kissen, Krepppapierstreifen, bunte Papierschnipsel, Bonbons, unaufgeblasene Luftballons, Luftschlagen, Klebestreifen, Geschenkband

Die Kinder schmücken den Bollerwagen mit Krepppapierstreifen und -schleifen. Damit das Geburtstagskind bequem sitzt, legen sie ein Kissen hinein. Mit dem Geschenkband hängen sie die Bonbons, unaufgeblasene Luftballons und Luftschlagen an den Bollerwagen, die das Geburtstagskind später an seine Gäste verteilen darf. Das Geburtstagskind setzt sich auf das Kissen und lässt sich von zwei, drei Kindern im Raum umherfahren. Während das geschieht, singen die übrigen Kinder den Refrain des Lieds „Wie schön, dass du geboren bist".

Wie schön, dass du geboren bist

Nr. 1 – Musik und Text: Rolf Zuckowski

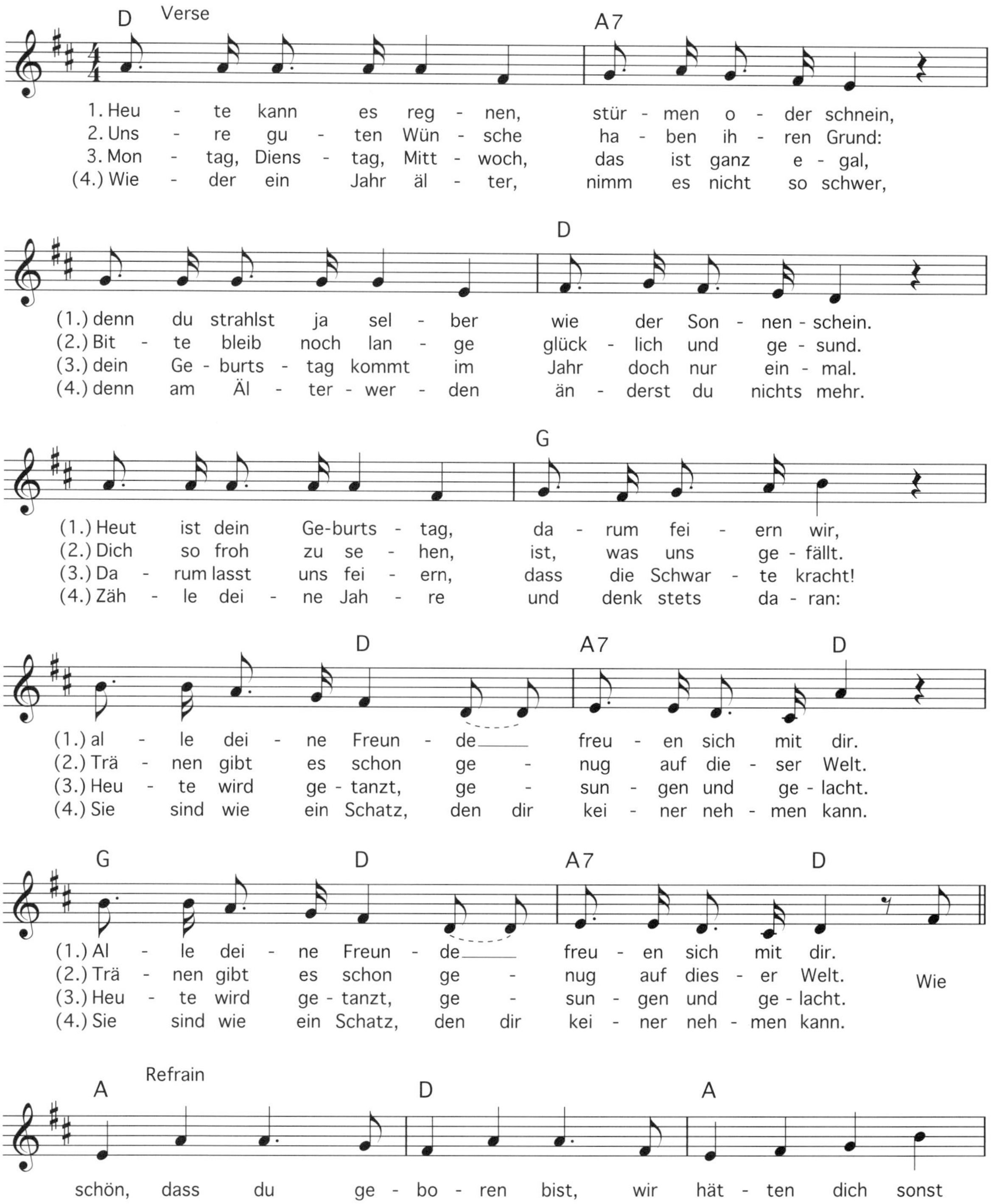

Das Fest beginnt

Geburtstagstanz

Material: CD Nr. 1 „Wie schön, dass du geboren bist", 1 Geburtstagsstuhl (s. S. 26), 1 Geburtstagsschildmütze (s. S. 26) oder 1 Geburtstagskränzchen (s. S. 25)

Das Geburtstagskind sitzt auf seinem Stuhl und erhält eine Schildmütze oder ein Kränzchen für den Kopf. Bei Geburtstagskindern, die nichts auf dem Kopf haben wollen, wird eine kleine Schleife an ihrem Pullover befestigt. Die Kinder bilden um das Geburtstagskind herum einen Kreis und führen den Geburtstagstanz auf.

1. Heute kann es regnen,
stürmen oder schnein,
Die Kinder klopfen mit den Fingerspitzen auf ihren Kopf und lassen die Finger wie Schneeflocken vor den Augen hin- und herzappeln.
denn du strahlst ja selber
wie der Sonnenschein.
Die Kinder halten eine Hand hoch und zeigen ihre Handfläche.
Heut ist dein Geburtstag,
darum feiern wir,
Sie deuten erst auf das Geburtstagskind und dann im Kreis auf die einzelnen Kinder.
alle deine Freunde freuen sich mit dir.
Alle deine Freunde freuen sich mit dir.
Alle Kinder geben sich gegenseitig die Hände.

Refrain
Wie schön, dass du geboren bist,
Alle Kinder lassen sich gegenseitig los.
wir hätten dich sonst sehr vermisst.
Sie zeigen mit beiden Armen auf das Geburtstagskind.
Wie schön, dass wir beisammen sind,
Sie deuten auf sich selbst …
wir gratulieren dir, Geburtstagskind!
… und nehmen sich wieder gegenseitig an die Hand, um die Arme gemeinsam in die Luft zu strecken.

2. Unsre guten Wünsche
haben ihren Grund:
Bitte bleib noch lange
glücklich und gesund.
Die Kinder stemmen die Hände in ihre Hüften und tippen im Takt abwechselnd mit den Fußspitzen zur Kreismitte hin.
Dich so froh zu sehen,
ist, was uns gefällt.
Sie strecken beide Arme in die Luft.
Tränen gibt es schon genug auf dieser Welt.
Tränen gibt es schon genug auf dieser Welt.
Sie tippen sich zum Rhythmus mit beiden Zeigefingern auf ihre Wangen.

Refrain
Wie schön, dass du geboren bist, …

3. Montag, Dienstag, Mittwoch,
das ist ganz egal,
Die Kinder strecken nacheinander den Daumen, Zeige- und Mittelfinger in die Luft.
Dein Geburtstag kommt im Jahr
doch nur einmal.
Sie machen eine Faust und zeigen den Daumen.
Darum lasst uns feiern,
dass die Schwarte kracht!
Vor Freude strecken die Kinder ihre Arme in die Luft.
Heute wird getanzt, gesungen und gelacht.
Heute wird getanzt, gesungen und gelacht.
Sie patschen rhythmisch auf die Oberschenkel.

Refrain
Wie schön, dass du geboren bist, …

Die nächste Strophe ist für Geburtstagskinder, deren Jahresuhr sich schon recht oft gedreht hat, z. B. Erzieherinnen oder Lehrerinnen …

4. Wieder ein Jahr älter,
nimm es nicht so schwer,
denn am Älterwerden
änderst du nichts mehr.
Die Kinder bleiben stehen und heben ihren Daumen in die Luft.
Zähle deine Jahre und denk stets daran:
Sie halten beide Arme in die Luft und zählen unaufhörlich mit ihren Fingern, indem sie diese hin- und herzappeln lassen.
Sie sind wie ein Schatz,
den dir keiner nehmen kann.
Sie sind wie ein Schatz,
den dir keiner nehmen kann.
Sie geben sich gegenseitig die Hände.

Variante
Die Kinder geben sich von Anfang an die Hände und gehen im Kreis herum.

Tipp
Damit das Lied für ein erwachsenes Geburtstagskind angemessen und nicht zu lang ist, einfach die 3. Strophe weglassen, da diese eher für Kinder geeignet ist.

Spielideen für das Fest

Gratulationsschlange

Alle Kinder haben hier Gelegenheit, dem Geburtstagskind zu gratulieren.

Das Geburtstagskind geht im Kreis herum und alle Kinder im Stuhlkreis singen den Refrain des Liedes „Wie schön, dass du geboren bist" (s. S. 27).
Ist der Refrain beendet, wählt das Geburtstagskind zwei bis drei Kinder aus, die ihm gratulieren dürfen. Die betreffenden Kinder stellen sich hinter das Geburtstagskind und fassen sich gegenseitig an die Hüften. Alle Kinder singen wieder den Refrain, zu dessen Rhythmus die „Gratulationsschlange" im Kreis herumgeht, und zwar so lange, bis die Schlage komplett ist.

Geburtstagswünsche-Fingerspiel

Das Spiel mit den Fingern und Händen ist bereits bei den Jüngsten sehr beliebt.

Zum Geburtstag gratulieren dir folgende Gäste:
Es wünscht dir der Daumen das Allerbeste.
Der Zeigefinger wünscht dir viel Sonnenschein.
Der Mittelfinger wünscht dir nie allein zu sein.
Der Ringfinger wünscht dir fürs Sparschwein viel Geld.
Und der Kleinste? – Viele Freunde auf der ganzen Welt!

Die Kinder ballen eine Hand zur Faust. Dem Text folgend strecken sie nacheinander Daumen, Zeige-, Mittel- und Ringfinger sowie kleinen Finger aus.

Geburtstagsschaukel

Sich auf eine Decke legen und von der Gruppe getragen zu werden, steigert das Selbstvertrauen und fördert das Zugehörigkeitsgefühl. Eine Aktion, die nicht nur zum Geburtstag Spaß macht.

Material: 1 große Kuscheldecke

In der Stuhlkreismitte eine Decke auf dem Boden ausbreiten. Das Geburtstagskind legt sich mit dem Rücken auf die Decke. Zwei ErzieherInnen stellen sich gegenüber, so dass die Decke zwischen ihnen liegt.
Alle Kinder im Stuhlkreis singen das Lied „Wie schön, dass du geboren bist" (s. S. 27). Beim Refrain heben sechs bis acht Kinder zusammen mit den ErzieherInnen die Decke an und schaukeln das Kind hin und her. Dabei klatschen die übrigen Kinder rhythmisch in die Hände. Anschließend setzen sie die Decke wieder behutsam ab.

Variante ohne Decke

Das Geburtstagskind sitzt auf dem Geburtstagsstuhl in der Kreismitte. Beim Refrain heben drei bis vier Kinder mit einer Erzieherin den Stuhl gleichzeitig in die Höhe.

Geburtstagsreigen und Kuchenessen

Material: 1 Geburtstags-Bollerwagen (s. S. 26), Tischdekoration (s. S.24), Geburtstagskuchen (s. S.24)

Das Geburtstagskind darf sich in den Geburtstags-Bollerwagen setzen. Die Kinder ziehen das Geburtstagskind durch den Raum. Nach einer solchen Kraftanstrengung tut eine Erfrischung und etwas zum Essen gut. Ein Kind holt den Geburtstagskuchen und alle anderen Kinder setzen sich um den gedeckten Geburtstagstisch herum. Das Kind stellt den Geburtstagskuchen direkt vor das Geburtstagskind auf dem Tisch ab. Die Erzieherin zündet die Wunderkerzen vor den Augen der Kinder an. Dabei schließt das Geburtstagskind seine Augen und darf sich etwas wünschen.

Wer ist jetzt das Geburtstagskind?

Kinder sind stolz, wenn sie auf eine Geburtstagsfeier eingeladen werden. Aber wie ist das, wenn die Gäste plötzlich selbst zur Hauptperson werden und im Mittelpunkt der Feier stehen? Dieses Gefühl können die Kinder mit etwas Glück gleich auskosten.

Material: CD Nr. 1 „Wie schön, dass du geboren bist", verschiedene Kleidungsstücke und Utensilien des Geburtstagskindes

Auf dem Boden verschiedene Kleidungsstücke und Utensilien des Geburtstagkindes, z. B. eine gelbe Regenjacke, ein Paar rote Hausschuhe, eine bunte Mütze, ein blauer Schal und ein pinkfarbener Regenschirm, verteilen.
Die Erzieherin stellt das Lied auf der CD an.
Zum Rhythmus der Musik gehen alle Kinder um die einzelnen Dinge herum. Plötzlich hält die Erzieherin das Musikstück an (Pausentaste drücken) und ruft z. B. „bunte Mütze!". Nun versuchen alle Kinder blitzschnell die Mütze zu schnappen. Das Kind, das die Mütze erwischt hat, darf sie aufsetzen. Die Erzieherin schaltet die Musik wieder ein und alle Kinder bewegen sich wieder. Das Spiel wird so lange fortgesetzt, bis alle Dinge verteilt sind. Die Kinder ermitteln nun das „neue" Geburtstagskind, das ist das Kind mit den meisten erworbenen Dingen, und gratulieren ihm.

Gummibärchen im Popcornberg

Bei dem folgenden Spiel essen die Kinder Popcorn und Gummibärchen. Empfehlenswert sind die vegetarischen Gummibärchen, bei denen statt Gelatine Stärke verwendet wird, die auch Kinder essen dürfen, deren Familien aus Glaubensgründen tierische Nahrungsmittel teilweise oder ganz ablehnen.

Material: pro Kind 5 Gummibärchen, Popcorn, 1 Kaffeetasse, 1 Untertasse und 1 Kaffeelöffel
Vorbereitung: In jede Tasse fünf Gummibärchen legen. Darauf etwas Popcorn geben, so dass die Kinder die Gummibärchen nicht gleich sehen können. Jedes Kind erhält eine Untertasse, die es neben die Tasse stellt.

Die Kinder warten gespannt ab, bis die Erzieherin beide Arme in die Luft streckt und ganz laut ruft: „Rettet die fünf Gummibärchen!" Jetzt fischen alle Kinder möglichst rasch mit dem Löffel die Gummibärchen heraus und legen sie auf die Untertasse. Erst wenn das letzte Kind seine Gummibärchen gerettet hat, dürfen alle Kinder ihr Popcorn und ihre Gummibärchen genüsslich verspeisen.

Slalomlauf im Stuhlkreis

Wie bei den bekannten Spielen „Blinde Kuh", „Eierlaufen" und „Sackhüpfen", die bei einer Kindergeburtstagsfeier gerne durchgeführt werden, stehen auch bei den folgenden Spielideen stets die gute Stimmung und der Spaß im Vordergrund.

Material: 1 Handtrommel, Stühle

Um einen in der Mitte stehenden Stuhl wird der Stuhlkreis so großzügig gestellt, dass die Kinder zwischen den einzelnen Stühlen hindurchgehen können. Für ein Kind gibt es keinen Stuhl.
Das Geburtstagskind stellt sich auf den Stuhl in der Kreismitte und trommelt.
Solange getrommelt wird, gehen alle Kinder im Slalom zwischen den Stühlen im Kreis herum.
Sobald das Trommelspiel verstummt, setzen sich die Kinder blitzschnell in den Stuhlkreis.
Das Kind, das keinen freien Stuhl gefunden hat, muss ein Pfand, z. B. eine Haarspange oder eine Uhr, unter den Stuhl des Geburtstagskindes legen.
Das Trommeln geht so lange weiter, bis fünf Pfänder unter dem Stuhl liegen.
Um die Pfänder wieder auszulösen, müssen die Kinder auf Wunsch des Geburtstagkindes

- ein Geburtstagslied singen, z. B. „Wie schön, dass du geboren bist"
- eine Geburtstagsrakete steigen lassen, indem sie immer lauter klatschen und trampeln
- ein Kunststück vorführen, z. B. auf einem Stuhl einbeinig stehen
- eine lustige Grimasse schneiden
- wie ein Affe im Kreis herumspringen, etc.

Feuchtfröhliches Topfschlagen

Dieses Spiel bietet sich an heißen Tagen im Freien an, da die Kinder nass werden können. Ist es draußen nicht so warm, erhalten die Kinder einen Malkittel (z. B. ein altes Hemd von einem Erwachsenen), das sie zum Schutz vor dem Wasser anziehen.

Material: 1 Tuch oder Augenbinde, 1 Kochlöffel, 5 Kochtöpfe, Wasser, kleine Geschenke als Preise
Vorbereitung: 4 Kochtöpfe bis zum Rand mit Wasser füllen

Die Erzieherin verbindet einem mutigen Kind die Augen und dreht es mehrmals um die eigene Achse. Das Kind erhält nun einen Kochlöffel und kniet sich auf den Boden.
Gemeinsam mit den Kindern verteilt die Erzieherin die fünf Kochtöpfe, den leeren mit der Öffnung nach unten, auf dem Boden. Unter den leeren Kochtopf legt sie ein kleines Geschenk.
Mit Hilfe des Kochlöffels darf das Kind den Boden abtasten und nach dem Kochtopf mit dem Preis suchen. Die umstehenden Kinder helfen natürlich mit Zurufen wie „kalt", „warm", „sehr warm" etc.
Schafft es das Kind, den Kochtopf „trocken" zu erreichen, erhält es nicht nur den Preis, sondern auch einen kräftigen Applaus! Ansonsten kann es ganz schön nass werden!

Luftballon-Schlangenlauf

Alle Kinder können in der Regel schon ganz gut eine Schlange bilden und hintereinander laufen. Viel schwieriger, aber auch wesentlich spannender wird der Schlangenlauf, wenn die Kinder Luftballons benutzen.

Material: pro Kind 1 Luftballon; evtl. Stühle oder Markierungskegel

Alle Kinder blasen einen Luftballon auf und lassen ihn von den Erzieherinnen verknoten, es sei denn, sie können es schon selbst. Vor einer Wand bilden die Kinder zwei bis drei gleich große Schlangen, indem sie jeweils das Kind vor sich mit beiden Händen um die Hüfte fassen und ihren Ballon zwischen ihrem Bauch und dem Rücken des Vorderkindes klemmen. Jedes erste Kind hält seinen Luftballon in den Händen. Die Erzieherin stellt sich ans anderen Ende des Raumes und ruft ganz laut „Schlangen herbei!". Alle „Schlangen" versuchen so schnell wie möglich mit ihren Ballons zur gegenüber liegenden Wand zu gelangen. Sieger ist die Schlange, die als Erste mit ihren Luftballons das Ziel erreicht.

Variante für ältere Kinder

Die „Schlangen" laufen im Slalom um einzelne Hindernisse wie Stühle oder Markierungskegel herum.

Jackenrallye

Bei diesem originellen Wettspiel brauchen die Kinder etwas Platz zum Laufen. Es empfiehlt sich, alle Möbelstücke zur Seite zu stellen, die für das Spiel hinderlich sein können.

Material: die Jacken der Kinder; evtl. die Kindergartentaschen

Die Kinder legen ihre Jacken auf einen großen Haufen und bilden zwei gleich große Gruppen. Sie stellen sich in zwei Reihen dem „Jackenberg" mit großem Abstand gegenüber.
Auf ein Zeichen der Erzieherin laufen die beiden ersten Kinder aus jeder Reihe los, um ihre Jacke aus dem Haufen herauszufischen und anzuziehen. Danach laufen sie so schnell wie möglich wieder zu ihrer Gruppe zurück und stellen sich hinter dem letzten Kind ihrer Gruppe an. Sofort laufen die nächsten vordersten Kinder los und wiederholen den Vorgang. Die Gruppe, die als erste mit ihren Jacken hintereinander auf dem Boden sitzt, hat gewonnen!

Variante für Jüngere

Anstelle der Jacken können die Kinder ihre Kindergartentaschen benutzen, die sie aus dem Haufen herausfischen müssen.

Schatzkisten-Sandspiel

Einen Schatz verstecken oder ausgraben ist für Kinder unglaublich spannend und faszinierend. Aber was befindet sich eigentlich in der Schatzkiste? Dieses Geheimnis sollen die Kinder selbst herausfinden.

Material: 1 Sandkasten, 1 Schuhkarton mit Deckel, pro Kind 1 kleine Überraschung (z. B. Luftballons oder Flummis), Krepppapier, für die Hälfte der Gruppe jeweils 1 Sandschaufel
Ort: draußen
Vorbereitung: mit Krepppapier kleine Überraschungen wie Luftballons oder Flummis einpacken, in einen Schuhkarton legen und mit dem Deckel verschließen

Die Erzieherin hält den geschlossenen Schuhkarton in Händen. Die Kinder teilen sich in zwei gleich große Gruppen ein. Die Kinder aus der ersten Gruppe erhalten jeweils eine Sandschaufel und den Schuhkarton, den sie auf ein Startzeichen der Spielleitung möglichst rasch vergraben. Bis die „Schatzkiste" im Sand verbuddelt ist, zählen die Kinder aus der zweiten Gruppe gemeinsam mit der Erzieherin ganz laut 1–2–3 usw., bis die Kiste fertig eingebuddelt ist. Die Zahl, die zuletzt genannt wurde, müssen sich alle Kinder gut merken. Jetzt graben die Kinder, die gezählt haben, die „Schatzkiste" möglichst noch schneller wieder aus. Dabei zählen die Kinder der ersten Gruppe ganz laut. Die Gruppe, die am schnellsten „gearbeitet" hat, darf den Schuhkarton öffnen und sich zuerst etwas aus der „Schatzkiste" herausholen. Danach sind die anderen an der Reihe.

Geburtstagsdusche

Diese Aktion mit Wasser sollte möglichst im Freien durchgeführt werden. Die Kinder brauchen auch genügend Platz, um eine große Gasse bilden zu können.

Material: 1 Regenschirm, pro Kind bis auf eines 1 kleines Spritztier, 1 Behälter mit Wasser; evtl. Wattebäusche
Ort: draußen

Die Erzieherin verteilt an alle Kinder bis auf eines ein Spritztier. Das Kind, das übrig bleibt, bekommt einen Regenschirm.
Jedes Kind füllt sein Spritztier mit Wasser. Die Kinder bilden eine ca. 2 m breite Gasse und stellen sich versetzt zueinander. Das Kind ohne Spritztier spannt seinen Regenschirm auf und stellt sich vor die Gasse. Jetzt beginnt das Spiel.
Das Regenschirm-Kind läuft durch die Gasse. Das ist jedoch nicht einfach, denn immer, wenn es bei einem Kind vorbeigeht, wird es angespritzt. Um möglichst nicht nass zu werden, versucht das Kind seinen Schirm in die Richtung des Wasserstrahls zu halten. Mal sehen, welches Kind „trocken" das andere Ende der Gasse erreicht.

Variante für den Innenbereich
Anstelle der Spritztiere halten die Kinder, die in der Gasse stehen, Wattebäusche in den Händen. Sie werfen diese auf das durch die Gasse laufende Kind, das hinter dem Regenschirm Schutz sucht.

Das Fest klingt aus

Am Ende des Festes üben die Geburtstagsgäste zum Refrain des Liedes „Wie schön, dass du geboren bist" noch eine besondere Textvariante, die jedes Kind öfter einmal seiner Mutter (seinem Vater) leise ins Ohr singen und mit zwei dicken Küsschen bestätigen kann.

„Wie schön, dass du mich geboren (bekommen) hast,
sonst hätt' ich diesen Tag verpasst." (Schmatz, Schmatz!)

Freunde sein
Ein Freundschaftsfest

„Freunde sein können Groß und Klein" singt Rolf in einem seiner Lieder. Doch um Freundschaften zu schließen, braucht man zunächst einmal die Gelegenheit, andere kennen zu lernen. Egal wo, ob im Kindergarten, in der Schule, in einer neuen Stadt oder in fremden Ländern, immer ist es eine Idee, ein gemeinsames Interesse oder eine Aufgabe, die junge wie alte Menschen zusammenbringt. Mit der Initiative, die Familien einer Kindergartengruppe zu einem Freundschaftsfest einzuladen, auf dem gesungen, gespielt, getanzt und v.a. gelacht wird, erhalten nicht nur die Kinder, sondern auch ihre Eltern und die MitarbeiterInnen die Möglichkeit, sich näher kennen zu lernen, neue Freundschaften zu beginnen oder bereits bestehende zu vertiefen.

Ein gelungenes Freundschaftsfest kann die zwischenmenschlichen Beziehungen verbessern und die Zusammenarbeit von Eltern und Personal einer Einrichtung entscheidend beeinflussen. Ganz bewusst wird dieses Angebot jeweils nur für eine Gruppe oder Klasse angeboten, so bleibt die Anzahl der Gäste überschaubar.

Vor dem Fest

Vorbereitung im Team

- Die Kinder üben das Lied „Du gehörst zu uns" (s. S. 40) als Mitspielaktion zur Begrüßung ein (s. S. 42) und bereiten sich spielerisch auf die Aktion „Alles auf Video" (s. S. 46) vor.
- Ausländische Familien werden gebeten, landestypische Kinderlieder und Geschichten zum Thema Freundschaft zur Verfügung zu stellen, damit diese das Fest bereichern.
- Nach dem Motto „Liebe geht durch den Magen" ein Schlemmerbüfett mit ess- und trinkbaren Kleinigkeiten, die man direkt in den Mund stecken kann, vorbereiten. Soll das Büfett mit den Familien gemeinsam entstehen, alle Gäste rechtzeitig um Mithilfe bitten.
- Die mitwirkenden Familien in fünf Kleingruppen einteilen (Gruppe Rot, Grün, Blau, Gelb, Pink) und für jedes Familienmitglied ein farblich passendes Namensschild herstellen (s. S. 39).
- Die verschiedenen Aktionsbereiche mit je ein bis zwei BetreuerInnen auswählen und die entsprechenden Vorbereitungen treffen. Es werden fünf Bereiche beschrieben:
  1. Freundschaftsgeschichten (s. S. 44)
  2. Lieder und Musik (s. S. 44)
  3. Freundschaftsbeweise (s. S. 45)
  4. Spiele erhalten die Freundschaft (s. S. 46) und
  5. Alles auf Video (s. S. 46)
- An jeden Aktionsbereich einen Plan hängen mit der Information, wann welche Gruppe hier aktiv sein wird, z. B.:

1. Freundschaftsgeschichten		2. Lieder und Musik		3. Freundschaftsbeweise	
15:00–15:30	Gruppe Rot	15:00–15:30	Gruppe Blau	15:00–15:30	Gruppe Grün
15:30–16:00	Gruppe Blau	15:30–16:00	Gruppe Grün	15:30–16:00	Gruppe Gelb
16:00–16:30	Gruppe Grün	16:00–16:30	Gruppe Gelb	16:00–16:30	Gruppe Pink
16:30–17:00	Gruppe Gelb	16:30–17:00	Gruppe Pink	16:30–17:00	Gruppe Rot
17:00–17:30	Gruppe Pink	17:00–17:30	Gruppe Rot	17:00–17:30	Gruppe Blau

4. Spiele erhalten die Freundschaft		5. Alles auf Video	
15:00–15:30	Gruppe Gelb	15:00–15:30	Gruppe Pink
15:30–16:00	Gruppe Pink	15:30–16:00	Gruppe Rot
16:00–16:30	Gruppe Rot	16:00–16:30	Gruppe Blau
16:30–17:00	Gruppe Blau	16:30–17:00	Gruppe Grün
17:00–17:30	Gruppe Grün	17:00–17:30	Gruppe Gelb

- Die Kleingruppen wechseln jeweils etwa im Halbstundenrhythmus, abhängig von den örtlichen Bedingungen, den Stationen bzw. Spielecken. Dieser Halbstunden-Wechsel bezieht sich auf Gruppenstärken von jeweils vier bis sechs Familien. Variiert die Teilnehmerzahl stark, entweder die Dauer an den jeweiligen Stationen verkürzen bzw. verlängern oder einzelne Angebote mehrmals auf dem Spielgelände anbieten.
- Den gesamten Zeitplan des Festes für alle sichtbar auf ein großes Plakat schreiben, um den Gästen einen Überblick über die Mitspielmöglichkeiten zu bieten (s. o.):
- Nicht vergessen, die Helfer für den Abbau und die Reinigung rechtzeitig anzusprechen, die Aufgabenverteilung zu planen, und nach dem Fest einen gemütlichen Ausklang im Team zu genießen.

Vorbereitung mit den Kindern

Einladung im Knallbonbon

Schon die Einladung verspricht einen kleinen „Knalleffekt".

Material: Geschenkpapier (in Rot, Blau, Grün, Gelb, Pink), leere Toilettenpapierrollen, Band, Konfetti, Einladungstext (auf einen Brief kopiert und evtl. von den Kindern bemalt), Schere, Kleber

Die Kinder schneiden das Geschenkpapier so, dass es um die Toilettenpapierrolle passt und an beiden Enden etwas übersteht. Sie bekleben die Rollen damit und binden sie an einem überstehenden Ende zu. Den locker aufgerollten Einladungsbrief und ein bisschen Konfetti verstecken sie in dem Bonbon, bevor sie auch das zweite Ende zubinden.

Freundschaftsfest im Kindergarten

… … … … … … … …

14:30 Uhr	Eintreffen der Gäste
14:45 Uhr	Begrüßung auf der Spielwiese: „Du gehörst zu uns"
ab 15 Uhr	Freundschaftsgeschichten Lieder und Musik Freundschaftsbeweise Spiele erhalten die Freundschaft Alles auf Video
17:45 Uhr	Gemeinsamer Abschluss: „Freunde sein"

Nachdem die Rückmeldungen eingetroffen sind, die Einteilung der Familien in Farbgruppen vornehmen, dabei möglichst zahlenmäßig gleich große Gruppen bilden und auf eine ausgewogene Zusammenstellung achten, z. B. die Familien mit Großeltern in eine Gruppe.

„Freunde sein können Groß und Klein,
einer braucht den andern zum Glücklichsein“
Unter diesem Motto steht das Freundschaftsfest
am .... um ....
im ....

Liebe Familie ....
wir laden Sie herzlich ein, an diesem Nachmittag
mit Musik und abwechslungsreichen Spielen
neue Bekanntschaften zu machen,
Freundschaften zu knüpfen oder zu vertiefen.
Lassen Sie sich überraschen!

.... (Erzieherinnen/Lehrerinnen)
und .... (Name des Kindes)

Bitte helfen Sie uns mit einer
Rückmeldung bis zum ....!

- -

Wir freuen uns, dass wir mit
.... Personen dabei sein können.

Familie ....
Bitte die Vor- und Nachnamen angeben.
1. .... (Vater) - 2 .... (Mutter)
3. .... (Kind) - 4 .... (Kind)
5 .... (Großvater) - 6 .... (Großmutter)
7 .... - 8 ....

Knallbonbon-Namensschilder

Damit sich alle, v. a. auch neue Gäste problemlos ansprechen können, erhält jeder Gast ein Namensschild. Bei den Kindern reicht der Vorname, bei den Erwachsenen Vor- und Nachname auf das Schild schreiben.

Material: 1 Schablone in Form eines kleinen Knallbonbons (ca. 6–8 cm lang), Fotokarton (in Rot, Blau, Grün, Gelb, Pink), Sicherheitsnadeln, Schere, Stift; evtl. farblich passend bedruckte Computeretiketten zum Ankleben

Die Knallbonbonform ausschneiden, mit Namen versehen und so auf die Sicherheitsnadel stecken, dass man den Namen deutlich sehen kann, wenn die Schilder angesteckt sind.

Variante

Die Kinder verzieren die Computeretiketten nach dem Farbausdruck. Jede Familie schreibt selbst die Namen darauf.

Überraschungs-Knallbonbons

Zu Beginn des Freundschaftsfestes erhält jede Familie fünf nummerierte Knallbonbons, die sie nach und nach öffnet. Auf dem herausfallenden Briefchen steht die jeweils folgende Spielstation, die die Familie anschließend aufsucht.

Material: alte Zeitungen, Material bzw. Ideen für die „Bonbon-Füllung"

Vorbereitung

Ein Viertel einer Zeitungsseite ausreißen.
Den Zettel mit der Stationenbeschreibung und ein wenig Konfetti (im Freien eignet sich auch „Naturkonfetti" wie Grashalme und Blütenblätter sehr gut) in die Mitte der Seite legen.
Die Zeitung von der längeren Seite ausgehend locker aufrollen (nicht zu eng) und die Enden wie bei einem Bonbon zudrehen.

Beispieltexte für die Stationenbeschreibungen, z. B. der roten Gruppe:
Knallbonbon Nr. 1: Um 15:00 Uhr trefft ihr euch mit den anderen „roten" Familien in der Leseecke (klare Ortsbeschreibung, z. B. im Zelt unter der großen Eiche) und hört euch gemeinsam die Geschichte „… " (eine Geschichte oder ein Bilderbuch zum Thema Freundschaft) an.
Nr. 2: Ab 15:30 Uhr erwarten euch im Bewegungsraum … (Name einer Erzieherin) und … (Name eines Helfers) mit Liedern und Musikspielideen. Viel Spaß dabei!
Nr. 3: Um 16:00 Uhr warten im Gruppenraum echte Freundschaftsbeweise auf euch!
Nr. 4: Ab 16:30 Uhr erhalten Spiele die Freundschaft, wenn ihr euch im Eingangsbereich (klare Ortsbeschreibung, z. B. auf der Spielwiese) wiedertrefft.
Nr. 5: Ab 17:00 Uhr heißt es … (z. B. im hinteren Flurbereich) „Vorsicht Kamera", wir bannen alles auf Video! Wir möchten mit allen Familien ein Erinnerungsvideo drehen.

Tipp

Die Zeitungs-Knallbonbons können bei anderen Gelegenheiten eingesetzt natürlich auch sonstige Überraschungen beinhalten, z. B.: leichte Geschenke, Gutscheine für etwas Essbares (z. B. ein Eis, eine Süßigkeit …), Lose für eine Tombola.

Du gehörst zu uns

Nr. 4 – Musik und Text: Rolf Zuckowski

E7 A A E A
bleib nicht drau - ßen vor der Tür! Du ge– Tür. 2. Wer
D.S. al 𝄌 - 𝄌
E E7 D E7 D
passt: Dass die - ses Lied am schön - sten klingt und al - len gu - te Lau - ne bringt,
E7 A D H7 E7
wenn es im - mer lau - ter wird, weil je - der mit uns singt. Du ge -
A Refrain E7
hörst zu uns, wir ge - hör'n zu dir, wenn du Freun - de suchst, dann fin - dest
A
du sie hier. Du ge - hörst zu uns, wir ge - hör'n zu dir, dar - um
E7 A A E A
bleib nicht drau - ßen vor der Tür! Du ge– Tür.

Das Fest beginnt

„Du gehörst zu uns"-Begrüßung

Material: CD Nr. 4, „Du gehörst zu uns"

Alle Familien versammeln sich in einem großen Raum oder an einer geeigneten Stelle im Außengelände des Kindergartens. Hier begrüßen die Kinder ihre Angehörigen mit dem Lied „Du gehörst zu uns". Dazu stellen sich alle Familien in einem großen Kreis auf. Die Kindergartenkinder gehen ein paar Schritte in den Kreis hinein und bleiben mit dem Blick nach außen zu ihrer Familie stehen.

Tipp

Das Lied kann live gesungen werden. Wenn es von der CD eingespielt wird, muss jemand am CD-Player bei Bedarf zur rechten Zeit die Pausentaste bedienen.

Vorspiel

Wir haben zur Begrüßung
uns versammelt, wie man sieht.
Die Kinder schauen ihre Familien an.
Heut ist dein erster Tag bei uns
Und was kommt jetzt?
Die Kinder gehen auf die Familie zu und wieder zurück.
Eine Rede, *(buh)* ein Lied, *(aaah)!*
Die Kinder werfen die Arme in die Luft.

1. Das komische Gefühl im Bauch,
das hatten wir am Anfang auch,
besonders wenn man keinen kennt,
und alles ist so fremd.
Die Kinder gehen im Uhrzeigersinn im Kreis herum.
Nach einem Tag in diesem Haus
sieht manches schon ganz anders aus,
und bald schon wirst du selber sehn,
wie gut wir uns verstehn.
Die Kinder gehen gegen den Uhrzeigersinn zurück und bleiben vor einem ihrer Familienmitglieder stehen.
Die anderen hören und schauen dabei weiter zu.

Refrain

Du gehörst zu uns,
Die Kinder zeigen mit einer Hand pantomimisch, was in dem Lied besungen wird: Auf den anderen zeigen, auf sich zeigen,
wir gehör'n zu dir,
noch einmal auf sich zeigen und wieder auf den anderen.
wenn du Freunde suchst,
Einmal mit beiden Händen seitlich auf die Gruppe zeigen
dann findest du sie hier.
und mit dem Zeigefinger vor sich auf den Boden deuten.
Du gehörst zu uns,
wir gehör'n zu dir,
s. o.
darum bleib nicht
draußen vor der Tür!
Ein Familienmitglied heranwinken. Das erste Familienmitglied anfassen und in den Kreis mit hinein nehmen.

2. Wer zieht denn da die Stirn so kraus?
Sehn wir vielleicht zum Fürchten aus?
Wie lauter kleine Monsterlein?
Ach Quatsch, das kann nicht sein!
Die Kinder machen Grimassen und gehen mit dem Familienmitglied im Uhrzeigersinn im Kreis herum.
Was war denn das, wer lacht denn da?
Da wundern sich die Monster ja,
und dabei hätten wir jetzt fast
das Wichtigste verpasst:
Gegen den Uhrzeigersinn zurückgehen.

Dass dieses Lied am schönsten klingt
und allen gute Laune bringt,
wenn es immer lauter wird,
weil jeder mit uns singt.
Beide bleiben in Höhe der Familie stehen und gehen mit betonten Schritten auf die Außenstehenden zu.
Jeder stellt sich vor ein weiteres Familienmitglied, wenn anwesend.
Wer kein Familienmitglied mehr findet, hilft in anderen Familien aus oder macht einfach so weiter mit.

Refrain

Du gehörst zu uns, …

s. o. Am Schluss paar- oder familienweise an den Händen angefasst im Seitgalopp auf der Kreisbahn im Uhrzeigersinn hüpfen.

Sollten noch weitere Familienmitglieder im Außenkreis stehen, beginnt das Lied von vorn bis alle im Kindergarten-Freundeskreis aufgenommen sind.

Spielvariante 1

Das Bewegungsspiel zu dem Lied „Du gehörst zu uns" kann auch im übrigen Kindergartenjahr immer wieder einmal in Variationen gespielt werden. Dabei bleibt die Grundaufteilung mit einem Innen- und einem Außenkreis bestehen. Ein Drittel der Gruppe übernimmt im Innenkreis die Rolle der „alten Hasen", also eine bereits befreundete Gruppe. Die anderen stehen im Außenkreis und spielen die „Neuen". Für die Kinder ist es in diesem Kreisspiel besonders spannend, wer wem am Ende der ersten Strophe gegenüber steht. Dieses neue Freundespaar geht zur 2. Strophe Hand in Hand im Kreis herum. Gemeinsam finden sie am Ende einen weiteren Freund, das 3. Kind aus dem Außenkreis.

Spielvariante 2

Das Lied bleibt interessant, wenn die Kinder in andere Rollen schlüpfen dürfen. Bei gleichem Ablauf spielen die Kinder z. B. im Tierreich in verschiedenen Tierrollen oder wie bei den Indianern. Mit den Kindern die Bewegungsformen verändern und anpassen.

Spielideen für das Fest

Übergabe der Überraschungs-Knallbonbons

Alle Familien erhalten ihre Knallbonbons (s. S. 39). Die Kindergartenleiterin erklärt die Spielregeln allen Familien gemeinsam, anschließend verteilen sich die unterschiedlichen Familiengruppen auf die Aktionsbereiche.

Fünf Bereiche des Freundschaftsfestes

Bereich 1: Freundschaftsgeschichten

- Ein gutes Bilderbuch und/oder eine Geschichte zum Thema, eventuell von ausländischen Familien vorgeschlagen, anschauen oder vorlesen.
- Teammitglieder spielen ein selbst ausgedachtes Kaspertheater zum Thema Freundschaft vor mit einer in der Gruppe oder Einrichtung häufig wiederkehrenden Situation, die von Kasper und Seppl vorbildhaft gelöst wird.

Bereich 2: Lieder und Musik

Lieder singen

- Das gemeinsame Schlusslied „Freunde sein" (s. S. 48) vorstellen und mit jeder Gruppe einüben, damit später der krönende Abschluss des Festes gelingt.
- Bekannte und weniger bekannte Lieder zum Thema Freundschaft mit den Familien singen.

Musikspiele mit Freundschaftsbändern

Material: je Mitspieler 1 Freundschaftsband, jede Farbe bzw. jedes Muster muss zweimal vorhanden sein (z. B. Geschenkkräuselband in verschiedenen Farben, Wollfäden oder Luftschlangenröllchen; Letztere reißen leichter, bieten aber dadurch in manchen Aktionen einen besonderen Anreiz behutsam zu sein), Musikanlage, langsame Musiktitel zum Gehen

Paare finden

Die Kinder halten ihr Freundschaftsband zwischen beiden Händen versteckt und gehen zur Musik im Raum umher. Bei Musik-Stopp sucht sich jeder einen Partner, beide zeigen sich ihr Freundschaftsband. Passen sie in Farbe oder Muster zusammen, fassen sich die Kinder an und gehen während der folgenden Musikphase gemeinsam weiter. Stimmen die Freundschaftsbänder nicht überein, verstecken die Kinder sie wieder in ihren Händen und gehen zur folgenden Musik auf die Suche nach einem neuen Partner. Wie lange es wohl dauert, bis sich alle Paare gefunden haben?

Freundschaftsbandsalat

Die Hälfte der Paare, z. B. alle roten und blauen oder die gestreiften und gepunkteten Bänder, setzen sich auf den Boden. Das Band liegt zwischen ihnen auf dem Boden, dabei sind Kopf und Schwanzende soweit wie möglich von einander entfernt. Die übrigen MitspielerInnen versuchen nun zur Musik weiter durch den Raum zu gehen, ohne die ruhenden Freundschaftsbänder zu berühren.
Welches Paar schafft den Weg auch dann noch, wenn die Freundschaftsbänder ca. 20 cm über dem Boden schweben oder sich leicht bewegen?

Freundschaftsschlange

Die Kinder gehen paarweise zusammen und halten ein Freundschaftsband jeweils an den Enden in der Hand. Ein Kind trägt das Kopfende und geht voran, das andere das Schwanzende und geht vorsichtig hinterher. Zu ruhiger Musik gehen alle oder anfangs nur bestimmte Paare bzw. Farben im Raum umher.

- Welches Paar schafft es, sich mit dem Freundschaftsband sicher und ohne dass es kaputt geht im Raum zu bewegen, solange die Musik spielt?
- Wie klappt es, wenn die Kinder ihre Rollen an Kopf- und Schwanzende tauschen?
- Reißt eine Luftschlange trotz aller Vorsicht, spielt das Paar mit dem längeren Ende weiter.

Bereich 3: Freundschaftsbeweise
Ich schenke dir ...

Wer freut sich nicht über ein paar liebe Worte oder eine nette Geste? Geben wir den Kindern und ihren Familien die Gelegenheit, im Spiel verschiedene Arten freundschaftlicher Gesten kennen zu lernen.

Material: Karten mit Symbolen oder Beschreibungen von freundschaftlichen Gesten, Geschenkbänder ca. 2–3 m lang, 1 großes Tuch oder Decke

Vorbereitung

Gemeinsam mit den Kindern nette Gesten sammeln und mit Worten ausdrücken, z. B.

- „Ich schenke dir ein Streicheln"
- „Ich schenke dir ein Händeschütteln"
- „Ich verwöhne dich mit einer kurzen Rückenmassage"
- „Ich werde dich einmal … durchkitzeln" o. Ä.

Die netten Gesten auf acht bis zehn unterschiedliche Kärtchen schreiben oder als Symbol zeichnen und jeweils zwei verschiedene Karten an den Enden der Bänder befestigen.

Spielidee 1

Die Bänder auf den Boden legen. Jeweils zwei Familienmitglieder, ein Kind und ein Erwachsener, nehmen sich ein Band, schauen sich eines der Kärtchen an und tauschen die Geste aus. Anschließend lesen sie die Geste des zweiten Kärtchens und führen sie aus. In einer weiteren Spielrunde neue Kärtchen bzw. Bänder auswählen.

Spielidee 2

Die Bänder nebeneinander oder kreuz und quer übereinander legen und unter dem großen Tuch verstecken, so dass die Kärtchen sichtbar bleiben. Jedes Mitglied einer Familie (später jeder Spielgruppe) nimmt ein Kärtchen in die Hand, hebt das Tuch an und alle verfolgen mit den Augen oder durch Heranziehen des Bandes die Verbindung zu einem „neuen Freund". Die Anzahl der Spielrunden vom Spielspaß der jeweiligen Mitspieler abhängig machen.

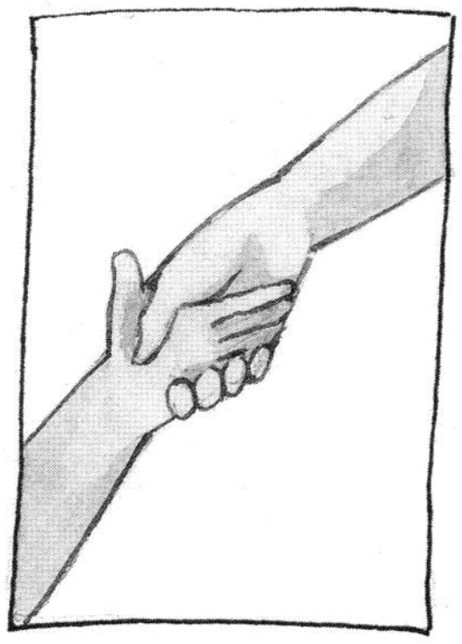

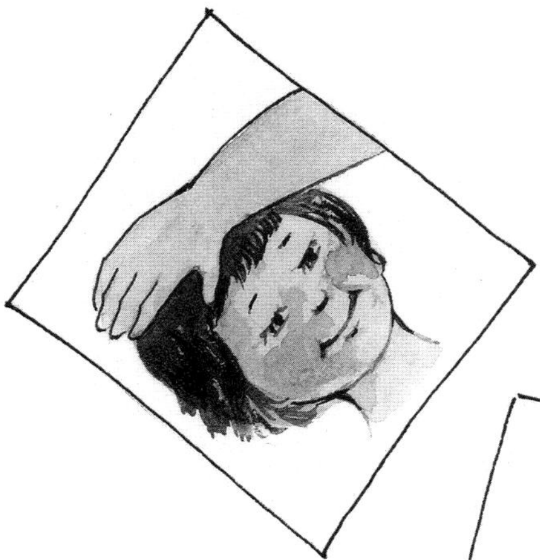

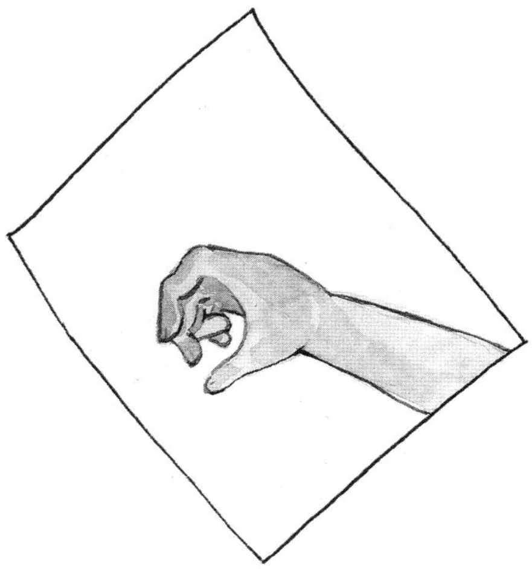

Bereich 4: Spiele erhalten die Freundschaft

Freundschafts-Memory

Auch kleine Geschenke erhalten die Freundschaft, sagt man, doch in diesem Spiel dienen sie in erster Linie dazu Freundespaare zu finden. Ein gutes Gedächtnis ist hier hilfreich – und ein wenig Glück auch.

Material: 10–12 Freundschaftsgeschenke in doppelter Ausführung, die so klein sind, dass sie in einer Kinderhand versteckt werden können (z. B. Blüten, Erlenzapfen, Eicheln, Kastanien, Spielsteine, Perlen, kleine Bälle, Legomännchen, Playmobilteile, ein Bonbon), Malblätter und Stifte, 1 Seil oder Klebeband

Vorbereitung

Malstifte und Papier an einen Malplatz legen. In Rufweite (ca. 8–10 m) ein Seil auslegen oder eine Markierungslinie kleben. Die doppelten Geschenke entsprechend der Anzahl der Mitspieler abzählen und zurechtlegen.

Ein Mitspieler, z. B. Lasse, stellt sich neben den Malplatz. Die anderen Kinder nehmen sich ein Geschenk, verstecken es in ihrer Hand und stellen sich nebeneinander auf die Linie.
Das Kind (Lasse) ruft mit folgendem Text zwei Mitspieler zu sich: „Ich wünsche mir Lena und Tom hierher!"
Die genannten Kinder laufen los und zeigen Lasse ihre Geschenke. Passen die Geschenke zusammen, dürfen die beiden neuen Freunde am Malplatz ihr Geschenk auf das Papier malen. Sind es zwei unterschiedliche Dinge, laufen sie zurück zu den anderen Kindern.
Lasse merkt sich möglichst, wer welches Geschenk gezeigt hat, und ruft zwei neue Kinder herbei.
Sind alle Geschenkepaare gefunden, darf Lasse das Bild als Freundschaftsgeschenk mitnehmen.
Ein neues Kind übernimmt seine Rolle.

Bereich 5: Alles auf Video

Achtung, Aufnahme!

Diese Spielaktion möchte die ganze Familie aktivieren und sollte eventuell mit den Kindern vorher schon einmal geprobt werden. Das hat den Vorteil, dass einige Kinder sich zu kleinen Regieassistenten entwickeln und ihren Familien in überraschender Form Anweisungen erteilen.

Material: 1 Kameramann bzw. -frau/HobbyfilmerIn mit 1 Digitalvideokamera mit Stativ, CD-Player, evtl. 1 Computer zur Erstellung von DVDs als Erinnerungsgeschenk. (Falls sich im Umfeld der Einrichtung niemand finden lässt, empfehlen wir eine Film/Video-AG einer höheren Schule oder anderen Institution vor Ort anzusprechen), 1 Bühnenhintergrund, Klebeband

Vorbereitung vor dem Fest

Eine Erzieherin übernimmt die Rolle der Regisseurin und richtet gemeinsam mit dem Kameramann bzw. der Kamerafrau eine geeignete „Kindergarten-Studioecke" ein. Hierzu einige Tipps:

- Raumecke mit guten Lichtverhältnissen aussuchen. Wegen der Umfeldgeräusche und Ablenkungen durch Zuschauer ist diese Aktion besser im Haus als im Freien durchführbar.
- Einen schönen Hintergrund gestalten, z. B. vor einer hellen Wand mit dem Schriftzug „Freundschaftsfest im Kindergarten … am …".
- Vor dieser Wand eine ca. 2–2,5 m tiefe und ca. 3 m breite „Bühnenfläche" z. B. mit Klebeband markieren
- Links und rechts neben dieser „Bühne" muss ausreichend Platz sein, damit jeweils eine Familie von der einen Seite auftreten und an der anderen Seite wieder abtreten kann, ohne die Aufnahme zu stören.
- Die Kamera so ausrichten, dass sie zwei Familien nebeneinander auf der „Bühne" stehend, von Kopf bis Fuß problemlos aufzeichnet.

Filmmusik

Der 1. Teil des Refrains des Liedes „Du gehörst zu uns" (s. S. 40):
„Du gehörst zu uns, wir gehör'n zu dir,
wenn du Freunde suchst, dann findest du sie hier."

Ist den Familien das Lied bekannt, kann es live gesungen werden, sonst wird die Stelle jeweils von der CD eingespielt.

Filmtitel und Drehbuch

Der Filmtitel kann lauten: „Freundschaftsfest im …" oder „Ein Familienvideo der besonderen Art".

Als Drehbuch kann folgender Ablauf realisiert werden, hier beschrieben am Beispiel der Familien Schwarz, Alkan und Hell:

- Zur Musik tritt, krabbelt oder hüpft zuerst das Kindergartenkind, die Tochter Schwarz, von links auf die Bühne. Sie dreht sich zu ihrer Familie um und lockt ein weiteres Familienmitglied mit der Hand an.
  Mutter Schwarz geht zu ihr, dreht sich um und lockt das nächste Familienmitglied herbei.
  Sohn Schwarz (2. Klasse) betritt cool die Bühne, dreht sich um, winkt.
  Vater Schwarz folgt als letzter. (Musik Ende)
- Alle drehen sich zur Kamera und stellen sich der Reihe nach vor: „Ich bin Paula." „Ich bin Hanna." „Ich bin Philipp." „Ich bin Thomas."
- Ein Familienmitglied (oder alle gemeinsam) sagen: „Alle zusammen sind wir die Familie Schwarz!"
  Sie gehen zur rechten Bühnenseite, drehen sich um und locken zur wiedereinsetzenden Musik das erste Familienmitglied der Familie Alkan auf die Bühne.
- Mustafa, Mutter Isil mit Baby Eda und der Vater treten in gleicher Form wie Familie Schwarz nacheinander auf. Familie Schwarz geht ab.
  Am Ende der Musik stellt sich jeder mit ähnlicher Aktion wie oben beschrieben und dem gleichen Text vor.
  Im Anschluss an den Familiennamen geht Familie Alkan wieder zur Seite und lockt die wartende Familie Hell mit einem Kind, der Mama und der Oma auf die Fläche.
- So geht es weiter bis alle Familien vor der Kamera standen.

Wenn kleinere Kinder nicht selbst sprechen mögen, können natürlich auch die Eltern die Familienmitglieder vorstellen.

Freunde sein

Nr. 5 – Musik: Frank Oberpichler, Text: Rale Oberpichler

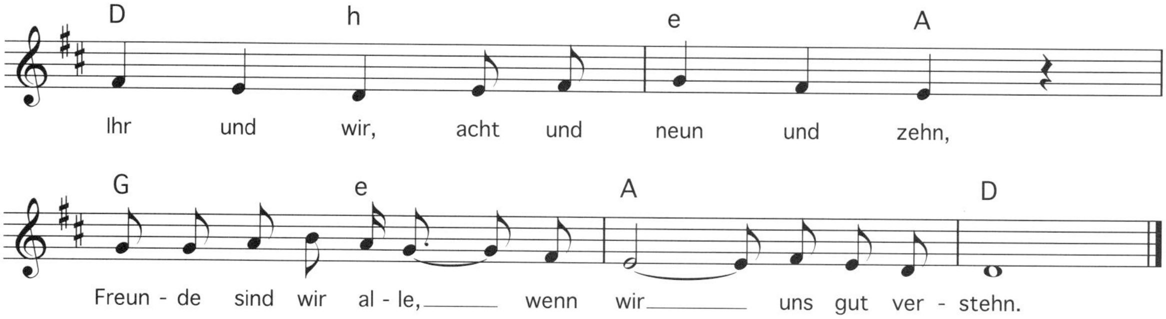

Das Fest klingt aus

„Freunde sein“ als bewegtes und bewegendes Abschlusslied

Zum Schluss sollen alle Gäste mit diesem Lied noch einmal in doppeltem Sinne richtig bewegt werden. Gemeinsam spielen sowohl die Kinder als auch die Erwachsenen das neue Lied.

Material: CD Nr. 5 „Freunde sein“

Zur Musik der ersten Strophe alle TeilnehmerInnen bitten, sich einen Partner oder eine Partnerin zu suchen. Zum Einüben die einzelnen Musikabschnitte durch Pausen unterbrechen, um die jeweils folgende Spielaktion zu erklären oder vorzumachen.

Vorspiel

1. Wollt ihr ein Geheimnis wissen?
Ich verrat es euch sehr gern:
Alle gehen einzeln im Raum oder auf der Spielfläche umher.
Jeder Mensch, der irgendwann
geboren wird auf diesem Stern,
sucht bald ein paar Freunde.
Mit den Augen nach dem Partner Ausschau halten und aufeinander zugehen.
Wer ist schon gern allein?
Manchmal hat man Glück
schon auf den ersten Blick.
Achtung: ***Musikpause*** *bis alle jemanden gefunden haben.*
Den folgenden Teil erst ohne Musik vormachen und üben, dann folgt die Wiederholung mit Musik:

Refrain

Freunde sein können

Zu jeder Silbe wird abwechselnd in beide Hände des Partners (bei „Freun-" beginnen) und in die eigenen geklatscht und zwar viermal.

Groß und Klein,

Beide Hände gegeneinander liegend in die Höhe heben und so in die Hocke gehen.

einer braucht den andern
zum Glücklichsein.

Viermal im Takt der Musik mit einer Hand über Kreuz die andere des Partners abklatschen.

Ich und du,

Jeder zeigt mit dem Finger auf sich selbst und auf den anderen.

eins, zwei, drei,

Dreimal beide Hände gegeneinander klatschen.

vier Augen sehen mehr als zwei.

Abwarten

Du und ich,

Mit dem Finger erst auf den anderen und dann auf sich selbst zeigen.

vier, fünf, sechs, sieben,

Fünfmal beide Hände gegeneinander klatschen.

wo ist bloß die Acht geblieben?

Abwarten

Ihr und wir,

Mit beiden Händen einmal links und einmal rechts auf die anderen MitspielerInnen zeigen.

acht und neun und zehn,

Viermal abwechselnd mit beiden Händen gegeneinander klatschen.

Freunde sind wir alle, wenn wir uns gut verstehn.

Beide Hände gegeneinander legen und im Kreis herumgehen.

Zwischenspiel

Alle Paare stellen sich nebeneinander in einen großen Kreis.
***Musikpause** (Pausentaste drücken), um die folgende Aktion zu beschreiben: Alle fassen sich an und machen die Bewegungen der ErzieherInnen mit*

2. Höhle bauen, Rätsel raten,
davon kriegt ihr nie zu viel,

Alle fassen sich an und gehen in die Kreismitte und wieder zurück.

Indianerkreis am Lagerfeuer,

Wie die Indianer im Kreis herumgehen,

Glück und Pech beim Fußballspiel,

auf „-spiel" einen Elfmeterschuss andeuten.

gemeinsam was erleben,
mal nehmen und mal geben,

Die Richtung ändern und im Kreis gehen.

Freunde sein
ist wie ein Band in unsrer Hand.

Die Paare drehen sich wieder zueinander und legen beide Hände gegeneinander.

***Musikpause** (Pausentaste drücken) bis alle paarweise bereit stehen!*

Refrain

Freunde sein können ...

Wiederholung des Klatschspiels wie oben

Wiederholung

Freunde sind wir alle,
wenn wir uns gut verstehn.

Alle drehen sich in den Kreis zurück, fassen sich an und gehen in die Kreismitte.

Wenn das Lied ein-, zweimal mit Pausen geübt wurde, kann es in einem kompletten Durchlauf gesungen und gespielt werden.

Die Gäste werden sich am Ende dieses Festes hoffentlich gern an die vielen verschiedenen Begegnungen erinnern. An die kurzen „Partnerschaften", die in einem gemeinsamen Spiel nur wenige Minuten andauerten, an neue Bekanntschaften, die in Zukunft eventuell noch enger geknüpft werden können und an die schon bestehenden Freundschaften, die durch die eine oder andere Aktivität an diesem Tag eventuell vertieft und mit neuer Freude erlebt werden konnten. „Freunde sind wir alle, wenn wir uns gut verstehn", heißt es in Rolfs Lied – und das wünschen wir allen Kleinen und Großen jeder Einrichtung von ganzem Herzen.

Kleiner grüner Kranz

Eine Adventsfeier

Endlich ist es soweit. Der erste Advent steht vor der Türe und überall ist die Vorfreude auf Weihnachten zu spüren. Da werden die Räume festlich dekoriert, Weihnachtslieder gesungen, Geschichten erzählt, Gedichte vorgetragen und kleine Geschenke gebastelt. Zum Advent gehört natürlich auch der Adventskalender und der Adventskranz, dessen Anblick die Kinderherzen höher schlagen lässt. Und zieht der Duft von Zimt und Mandeln durch das ganze Haus, entsteht ein Stück Weihnachtszauber, ohne den die Adventswochen und Weihnachtstage nur halb so schön wären.

Um die Vorfreude auf Weihnachten gemeinsam zu erleben, eignet sich eine kleine Adventsfeier, zu der die Kinder z.B. in der Woche nach dem ersten Adventssonntag ihre Eltern einladen. Auf diese Weise können sich Jung und Alt, Groß und Klein besonders besinnlich auf die Vorweihnachtszeit einstimmen.

Vor dem Fest

Advent, Advent, ein Lichtlein brennt! – eine Einladung

So kann die Überschrift des Einladungsschreibens zu der Adventsfeier lauten, die die Erzieherin schreibt und für die einzelnen Kinder fotokopiert.

Liebe Mama und lieber Papa,
ein kleiner grüner Kranz steht bei uns im Raum.
So schön und voller Glanz, man glaubt es kaum!
Wollt ihr das erste Licht nun leuchten sehen,
dann müsst ihr zu unserer Adventsfeier gehen!

Dazu lade ich euch gerne
am ... ...
um ... ...
in ... ...ein.

Gerne dürft ihr leckere Plätzchen mitbringen,
fröhlich sein und wenn ihr wollt sogar singen!
Bitte nehmt euch die Zeit und teilt mit uns die Vorfreude!
Gebt mir eure mündliche Zusage am besten gleich heute!
Euer(e)

Eine Kerze als Einladung

Eine einfache und effektvolle Einladung zur Adventsfeier können bereits die Jüngsten gestalten, indem sie eine Kerze verzieren.

Material: pro Kind 1 dicke weiße Kerze, Flüssigwachs auf Wasserbasis, z. B. Kerzenpen (in Gold und Silber), 1 kopiertes Einladungsschreiben, 1 Stück rotes Geschenkband (7 mm breit), 1 Stricknadel

Für die Dekoration der Kerzen benutzen die Kinder Kerzenpen. Sie halten die Tube wie einen Stift in der Hand und führen die Spitze des Stiftes mit leichtem Druck möglichst gleichmäßig auf der Kerze entlang. So können sie z. B. den Umriss von einem Stern oder andere weihnachtliche Motive malen.
Wer möchte, kann zuvor die Linien mit Hilfe einer Stricknadel markieren.
Nach dem Bemalen die Farbe ca. 8 Stunden trocknen lassen.
Auf der Rückseite des Einladungsschreibens entlang der kürzeren Seite schreiben die Kinder entweder alleine oder mit Hilfe einer Vorlage in großen Druckbuchstaben das Wort „EINLADUNG". Dann rollen sie das Einladungsschreiben so ein, dass das Wort zu sehen ist, und kleben das Ende mit einem Stück Tesafilm zusammen. Mit dem Geschenkband befestigen die Kinder die Rolle an ihrer Kerze.

Weihnachtsmann-Serviette

Diese Servietten passen gut zur Adventszeit und lassen sich kinderleicht herstellen. Damit jeder Gast eine Serviette erhält, bastelt jedes Kind gleich mehrere davon.

Material: rote Servietten, schwarze und weiße Tonpapierreste oder weiße Watte, Bleistift, Schere, Klebstift

Die Serviette zu einem Dreieck falten mit der geschlossenen Seite zum Betrachter.
Zwei kleine Kreise als Augen auf dem schwarzen Tonpapier aufzeichnen und ausschneiden.
Den Bart des Weihnachtsmanns, evtl. den Pelzrand und den Pompon seiner Zipfelmütze auf dem weißen Tonpapier aufzeichnen und ausschneiden. Anstelle des weißen Tonpapiers ist auch Watte sehr effektvoll.
Nun die schwarzen Augen und den weißen Bart auf das Dreieck bzw. die Serviette kleben.
Die Spitze des Dreiecks stellt die rote Zipfelmütze des Weihnachtsmanns dar, die durch den weißen aufgeklebten Pelzrand und Pompon hervorgehoben wird.
Die beiden langen Dreiecksspitzen der Serviette ineinander stecken, so dass der Weihnachtsmann bzw. die Serviette steht.

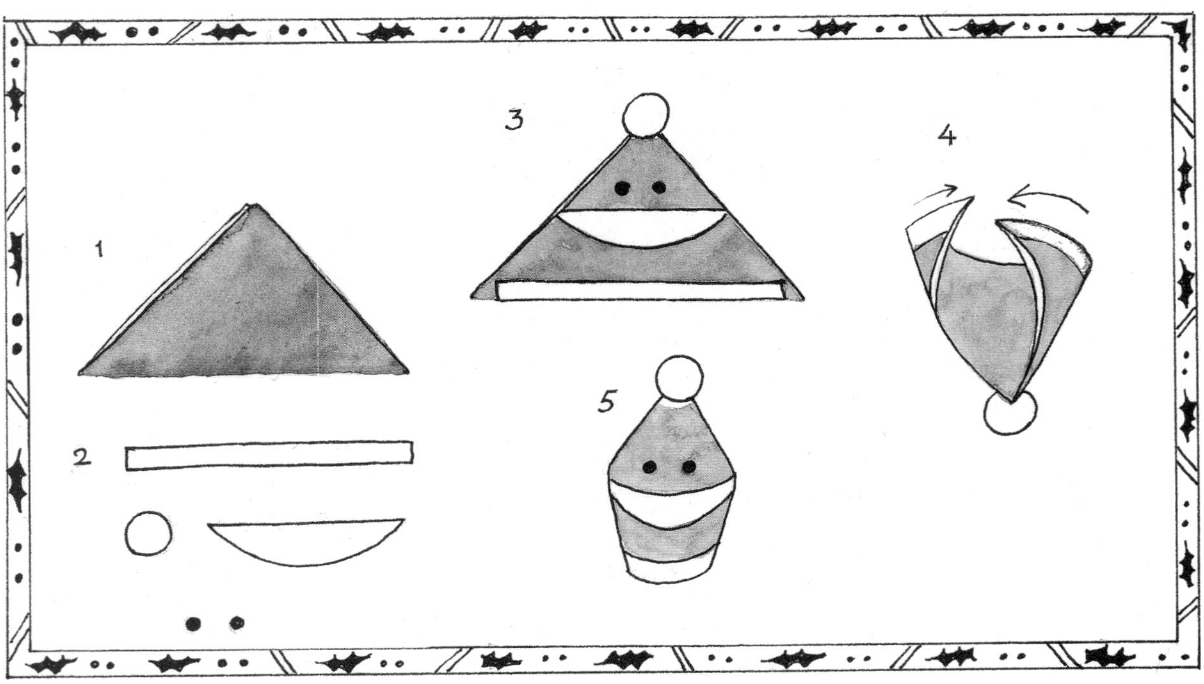

Adventsgesteck im Tontopf

Adventsgestecke im Tontopf können die älteren Kinder höchst kreativ und fantasievoll miteinander gestalten.

Material: Für 4–6 Kinder 1 Goldspray, dünne Fadenstücke, Scheren, 1 Tontopf, 1 Adventsband oder Gartenbast, 5–8 Walnüsse, etwas Tannengrün, duftende Koniferen, kleine Glöckchen, Wattebäusche, Alu-Hartmetall-Folie in Gold und Silber, leere Streichholzschachteln, Weihnachtspapierreste, Geschenkband etc.

Die Kinder sprühen die Walnüsse mit Goldspray ein und lassen sie trocknen.
Sie schneiden aus der goldenen und silbernen Folie kleine Sterne aus.
Die Streichholzschachteln verpacken sie mit Weihnachtspapierresten und Band wie kleine Geschenke.
Am Tontopfrand binden die Kinder ein schönes Adventsband oder Gartenbast mit zwei Schleifen fest und füllen den Topf mit etwas Blumenerde.
Nun stecken sie ein bis zwei Tannenzweige in die Erde.
Um die Tannenzweige herum bzw. auf die Erde legen die Kinder goldene Walnüsse und duftende Koniferen. Auf die einzelnen Zweige hängen sie kleine Glöckchen, glänzende Sterne, kleine Wattebäusche als Schneeflocken und leere Streichholzschachteln als Geschenke.

Schwimmendes Adventslicht

In der kalten Jahreszeit sehnen wir uns nach Licht und Wärme. Kerzen, die hell erleuchten, tragen zu einer stimmungsvollen Atmosphäre bei und laden zum gemütlichen Beisammensein ein. Als „schwimmende Adventslichter" stehen die brennenden Kerzen sicher und können nicht umgeworfen werden.

Material: pro Kind 1 leeres Gurken- oder Einmachglas, breites Adventsband, Wasser, Krepppapierstreifen in Blau oder Rot, 1 Teelicht (evtl. aromatisiert mit Zimt oder Vanille), Faltblätter aus Metallpapier, Wunderlocher bzw. Motivlocher „Stern" oder „Schneeflocke", Tannenzweige

Das Glas spülen, das Etikett mit heißem Wasser entfernen und das Glas abtrocknen.
Um das Glas ein Adventsband mit zwei Schleifen binden.
Das Glas fast bis zum Rand mit Wasser füllen.
In das Glas einen Krepppapierstreifen in Blau oder Rot legen, nach ca. 10 Minuten den Streifen herausholen. Jetzt ist das Wasser gefärbt!
Mit den Motivlochern aus den Metall-Faltblättern Sterne oder Schneeflocken ausstanzen.
Das Glas zwischen zwei oder drei Tannenzweige auf den Tisch stellen.
Auf das Wasser die kleinen Sterne und Schneeflocken sowie das Teelicht legen.

Bastelidee „Adventskranz"

Relativ schnell und kreativ können die Kinder einen eigenen Adventskranz herstellen. Damit jedes Kind einen Bezug zu seinem Adventskranz hat, darf es eine Kleinigkeit am Adventskranz anbringen.

Material: 1 Tannenrohling (entweder gekauft oder selber gebunden), 4 dicke Kerzen (evtl. Duftkerzen), Draht, Schleifenband, lufthärtende Modelliermasse wie Efa-plast in Terrakotta, Ausstechförmchen mit Weihnachtsmotiven wie Sterne, Herzen und Glocken, Nadel, Faden, Filzreste in Gelb und Rot, Heißklebepistole, Nüsse, Fichtenzapfen, Goldspray

Für jede Adventskerze ein ca. 12 cm langes Drahtstück über einer brennenden Kerze erwärmen und dieses von unten durch die Mitte der Kerze nicht zu tief hineindrücken. Die Kerzen auf den Kranz stecken, so dass sich immer zwei Kerzen gegenüber stehen.
Vier doppelte Schleifen binden und mit etwas Draht verteilt am Kranz befestigen.
Die Modelliermasse so dick wie Plätzchenteig auswellen. Mit Ausstechförmchen Weihnachtsmotive ausstechen. Am Rand der Formen mit Hilfe einer Nadel jeweils ein Loch durchstechen und ein Stück Faden daran befestigen. Nach dem Trocknen die Anhänger am Kranz festbinden.
Die Ausstechförmchen auf die Filzreste legen, deren Umriss nachzeichnen und sie ausschneiden. Mit Hilfe der Heißklebepistole lassen sich die Formen auf dem Kranz gut befestigen – dabei helfen natürlich die Erwachsenen.
Nüsse und Fichtenzapfen mit etwas Goldspray besprühen und auf dem Kranz verteilen.

Geschenkidee „Essbares Apfellicht“

Das einfach herzustellende Apfellicht schmeckt lecker und ist eine nette Geschenkidee, die von Herzen kommt.

Material pro Apfellicht: 1 kleiner polierter roter Apfel, etwas Alufolie, 1 Waffelröllchen, 1 ganze Mandel, etwas Puderzucker, etwas Wasser, durchsichtige Geschenkfolie, goldenes Geschenkband

Mit einem Messer oder Apfelschäler in die Blüte des Apfels ca. 1,5 cm tief hinein stechen und ein ca. 1 cm großes Loch ausschälen. Auf diese Weise entsteht ein essbarer Kerzenhalter.
Um das Ende des Waffelröllchens etwas Alufolie wickeln und in das Loch stecken. Sollte das Loch zu groß sein, mit etwas Alufolie das Loch ausfüllen.
Den Puderzucker mit etwas Wasser anrühren und die Masse zum Festkleben der Mandel auf dem Waffelröllchen benutzen. Dabei die Mandel so lange andrücken, bis diese hält.
Das fertige Apfellicht in durchsichtige Geschenkfolie einpacken und mit einem goldenen Geschenkband zubinden.

Advents-Tischdekoration

Es ist immer schön, wenn alle Gäste genügend Platz am Tisch haben. Werden jedoch sehr viele Gäste erwartet, ist es ratsam, Tischgruppen mit bis zu acht Personen zu bilden, die für gemeinsame Gespräche besser geeignet sind.

Material: Tische, Tischdecken in einer traditionellen Weihnachtsfarbe, Zuckerdose, Schälchen mit Puderzucker und Schälchen mit Apfelmus, Adventsgesteck im Tontopf (s. S. 53), schwimmende Adventslichter (s. S. 53), Glitter-Sterne in Gold oder Silber, Weihnachtstee (z. B. Apfel-Zimt-Früchtetee), Thermoskannen, pro Platz 1 Tasse, 1 Kuchenteller, 1 Weihnachtsmann-Serviette (s. S. 52)

Auf die Tische legen die Kinder einfarbige Tischdecken. Sie holen das Teegeschirr, die Milchkännchen, die Zuckerdosen, die Schälchen gefüllt mit Puderzucker oder Apfelmus und decken den Tisch. Auf jeden Kuchenteller stellen die Kinder eine Weihnachtsmann-Serviette. Auf die einzelnen Tische stellen sie jeweils ein Adventsgesteck im Tontopf und ein schwimmendes Adventslicht. Schließlich verteilen die Kinder die Glitter-Sterne in Gold oder Silber auf die Tischdecken. Die Erzieherin kocht einen leckeren Weihnachtstee und füllt ihn in die Thermoskannen.

Das Fest beginnt

Sind alle Gäste eingetroffen, beginnt das Fest mit einem traditionellen Weihnachtslied, z. B.:

„Advent, Advent, ein Lichtlein brennt,
erst eins, dann zwei, dann drei, dann vier,
dann steht das Christkind vor der Tür."

Spielideen für das Fest

Für alle folgenden Spielvorschläge wird ein Stuhlkreis benötigt. In die Stuhlkreismitte einen Tisch stellen, auf dem der Adventskranz (s. S. 53) steht, dessen erste Kerze die Erzieherin anzündet.

Adventszeit! – eine Klanggeschichte

Diese Geschichte liest die Erzieherin laut, deutlich und nicht zu schnell vor. Instrumente, körpereigene Geräusche oder gar die eigene Stimme werden entsprechend der Textstellen von den MitspielerInnen eingesetzt. Die Klanggeschichte kann auch ohne vorheriges Üben erfolgen, wenn die Erzieherin entweder die Geräusche vorgibt oder auf die einzelnen kleinen und großen Gäste zeigt, die ihr Instrument zum Einsatz bringen dürfen.

Material: für 2–3 Gäste jeweils 2 Klangstäbe, 1 Triangel, 1 Klangschale

Klanggeschichte	Instrument	Spielweise
Wenn die Adventsmelodien erklingen, dann möchte ich vor Freude springen!	Füße	auf der Stelle springen
Denn jetzt ist es wieder soweit, es beginnt die Vorweihnachtszeit.	Stimme	juhe!
Nun muss ich nur noch 24 Tage warten, bis wir mit dem großen Fest starten.	Klangstäbe	24 × anschlagen
Um die Wartezeit gut zu verbringen, fange ich an ein Adventslied zu singen.	Stimme	alle singen den Refrain des Liedes „Kleiner grüner Kranz"
Und an jedem Sonntag zünde ich dann, eine weitere Kerze am Adventskranz an.	Triangel	4 × anschlagen
Ich backe Zimtsterne und Lebkuchenherzen und köstlich schmeckende Adventskerzen	Mund	laut schmatzen
Kommt das Gebäck aus dem Ofen heraus, duftet es köstlich im ganzen Haus!	Klangschale	die Klangschale mit dem Schlegel zum Klingen bringen
Jetzt kann man den Weihnachtsmann sehen, zu dem die Kinder besonders gerne gehen.	Füße	auf der Stelle gehen
In der Adventszeit schreibe ich viele Karten, auf die die Verwandten und Freunde warten.	Finger	mit den Fingern auf der Sitzfläche des Stuhls reiben.
Die Adventszeit bringt eben viel Freude und lädt zum Beisammensein ein wie heute!	Mund	lächeln

Kleiner grüner Kranz

Nr. 13 – Musik und Text: Rolf Zuckowski

„Kleiner grüner Kranz" – ein lebendiger Adventskranz

Material: CD Nr. 13 „Kleiner grüner Kranz"

Alle Kinder und Eltern stehen im Stuhlkreis und fassen sich gegenseitig an den Händen.

Refrain
Kleiner, grüner Kranz,
bring uns deinen Glanz.
Bring mit deinem Licht
Jung und Alt und Groß und Klein
ein Lächeln ins Gesicht.
Kleiner, grüner Kranz,
bring uns deinen Glanz.
Mach die Herzen weit,
denn mit dir warten wir auf die Weihnachtszeit.
Zum Rhythmus der Musik bewegen sich alle im Uhrzeigersinn im Kreis herum. Dabei gehen sie zuerst mit dem linken Fuß einen Schritt zur Seite und ziehen dann den rechten Fuß nach, so dass sie stets den Kranz gut sehen können. Ist der Refrain beendet, bleiben alle stehen und lösen ihre Hände.

1. Brennt die erste Kerze dann,
fangen wir zu singen an:
Die Kinder und Eltern strecken ihren rechten Arm in Richtung Kreismitte aus, machen eine Faust und strecken ihren Daumen aus.
„Komm in unser Haus,
lieber Nikolaus!"
Alle Kinder und Eltern strecken auch ihren linken Arm in Richtung Kreismitte aus und zeigen dabei ihre flachen Hände, die sie langsam zur Brust führen.

2. Brennt die zweite Kerze dann,
Alle strecken wieder ihren rechten Arm nach vorne aus, machen eine Faust und strecken Daumen und Zeigefinger aus.
fangen wir zu träumen an.
Christkind ist noch weit,
hat noch so viel Zeit.
Sie neigen ihren Kopf etwas zur rechten Seite. Dabei lassen sie ihren Kopf auf den beiden Händen ruhen.

Refrain
Kleiner, grüner Kranz, ...
s. o.

3. Brennt die dritte Kerze dann,
Alle strecken ihren rechten Arm in Richtung Kreismitte aus. Sie machen wieder eine Faust, strecken Daumen, Zeige- und Mittelfinger aus.
fangen wir zu fragen an:
„Christkind, hörst du mich?
Ich denk nur an dich!"
Sie halten ihre linke Hand hinter das linke Ohr, um zu lauschen. Mit dem Zeigefinger der linken Hand deuten die Kinder und Eltern zuerst auf sich selbst und dann in die Runde.

4. Brennt die vierte Kerze dann,
Alle strecken ihren rechten Arm aus. Dabei machen sie eine Faust und deuten mit Daumen, Zeige-, Mittel- und Ringfinger die vier Kerzen an.
fängt schon bald die Weihnacht an,
und in unserm Traum
strahlt der Weihnachtsbaum.
Sie strecken beide Arme über dem Kopf aus, führen diese seitlich zum Körper und stellen den Glanz des Weihnachtsbaums dar.

Refrain
Kleiner, grüner Kranz, ...
s. o.

Fingerspiel zum Adventskranz

Die Kinder bilden eine Faust und strecken zuerst den Daumen, dann den Zeigefinger, dann Mittel- und dann Ringfinger heraus. Parallel dazu zeigen sie pantomimisch, was im Gedicht vorkommt, z. B. das „Sacktragen" und Stampfen am Platz wie der Nikolaus, das Rühren des Kuchenteigs, das Päckchenpacken und das Baumschmücken. Am Schluss führen sie beide Arme über dem Kopf zur Christbaumspitze zusammen und öffnen sie langsam über die Seite.

Rollenspiel zum Adventskranz

Das oben beschriebene Fingerspiel können die Kinder auch sehr gut mit verteilten Rollen vorspielen.

Material: 4 Teelichter (auf einem flachen Teller oder in einem Marmeladen- oder Joghurtglas mit doppelseitigem Klebeband festgeklebt), 1 Nikolaussack, 1 Wellholz, 1 weihnachtlich verpackte leere Schuhschachtel, 1 kleines Weihnachtsbäumchen

Vier Kinder, die im Stuhlkreis sitzen, erhalten jeweils ein Teelicht.

Vier weitere Kinder bekommen je einen Nikolaussack, ein Wellholz, die weihnachtlich verpackte Schuhschachtel und das kleine Weihnachtsbäumchen.

Ein Kind oder alle zusammen sagen das Adventsgedicht (s. o.).

Entsprechend dem Text treten die einzelnen Kinder mit ihren Sachen in die Kreismitte und bleiben dort stehen.

Die Kinder mit den Kerzen stehen nacheinander auf, so dass die brennenden Kerzen gut zu sehen sind.

In der Weihnachtsbäckerei

Nr. 14 – Musik und Text: Rolf Zuckowski

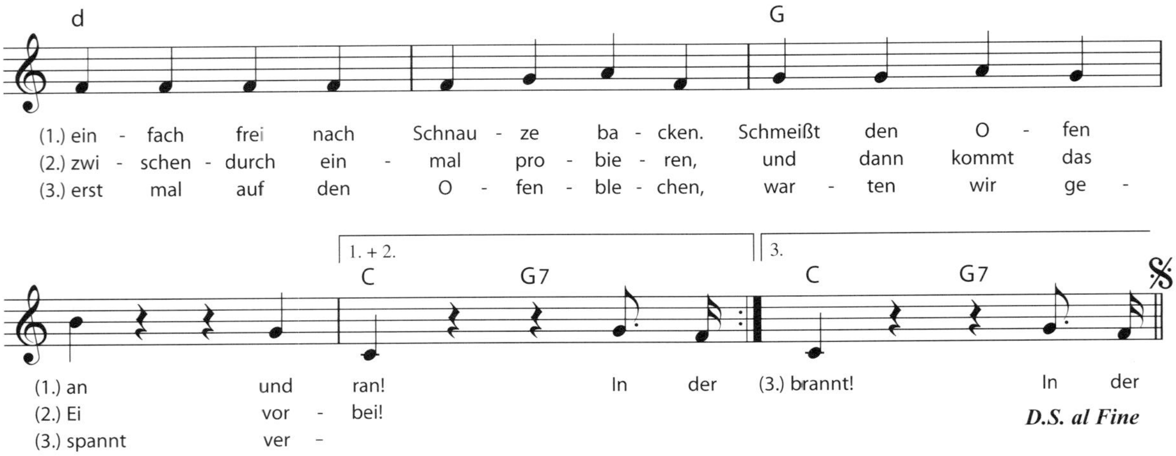

„In der Weihnachtsbäckerei" – ein Spielvorschlag

Material: CD Nr. 14 „In der Weihnachtsbäckerei", 1 Tafel Schokolade, 1 Honigglas, 2 Nüsse und 1 Packung Sukkade, Zimt, Butter, Mehl und Milch, 1 Stuhl mit 1 Schüssel und 1 Ei aus Holz oder Plastik darauf

Die Zutaten an einige Kinder verteilen.

Refrain
In der Weihnachtsbäckerei
gibt es manche Leckerei,
zwischen Mehl und Milch
macht so mancher Knilch
eine riesengroße Kleckerei.
In der Weihnachtsbäckerei,
in der Weihnachtsbäckerei.
Alle Kinder und Eltern stehen im Kreis und „patschen" zum Rhythmus der Musik auf ihre Oberschenkel.

1. Wo ist das Rezept geblieben
von den Plätzchen, die wir lieben?
Wer hat das Rezept verschleppt?
Na, dann müssen wir es packen,
einfach frei nach Schnauze backen.
Die Kinder und Eltern drehen sich zuerst zu ihrem rechten, dann zum linken Nachbarn, den sie fragend ansehen.
Schmeißt den Ofen an und ran!
Die Kinder und Eltern schieben ihre Pulloverärmel nach oben, um gleich kräftig anpacken zu können. Danach tippen sie mit dem rechten Zeigefinger auf den Mund. Schließlich tun sie so, als ob sie den Ofen anmachen würden.

Refrain
In der Weihnachtsbäckerei …
s. o.

2. Brauchen wir nicht Schokolade,
Honig, Nüsse und Sukkade
und ein bisschen Zimt?
Das stimmt.
Butter, Mehl und Milch verrühren,
zwischendurch einmal probieren,
und dann kommt das Ei – – – vorbei!
Das Kind, das die entsprechende Zutat in den Händen hält, geht jeweils einen großen Schritt in Richtung Kreismitte und hebt dabei die Zutat in die Luft.
Die Kinder und Eltern im Außenkreis zeigen, wie sie die Zutaten in einer Schüssel verrühren und die Kinder mit den Zutaten gehen gleichzeitig im Innenkreis herum. Die Außenstehenden versuchen mit einem Finger die Zutaten zu erreichen und „ein wenig Teig" zu probieren.
Anschließend darf das Kind, welches direkt vor sich den Stuhl mit der Schüssel und einem Ei aus Plastik stehen hat, das Ei an der Schüssel vorbei auf den Boden fallen lassen.

Refrain

In der Weihnachtsbäckerei …

Alle rühren und probieren weiter, während die Zutaten-Kinder im Innenkreis herumgehen.

Am Ende bleiben die Zutaten in der Kreismitte und die Kinder gehen zu den anderen zurück.

3. Bitte mal zur Seite treten,
denn wir brauchen Platz zum Kneten.

Die Kinder und Eltern machen einen Schritt nach rechts zur Seite, um sich genügend Platz zum Kneten zu verschaffen.

Sind die Finger rein?
Du Schwein.

Jeder fasst die Hand seines rechten Nachbarn an, um nachzusehen, ob die Finger sauber sind.

Sind die Plätzchen, die wir stechen,
erst mal auf den Ofenblechen,

Alle stechen pantomimisch Plätzchen aus und legen sie auf das Ofenblech.

warten wir gespannt – – – verbrannt!

Am Ende fächern sie sich mit der rechten Hand den Plätzchenduft zu und weil die Plätzchen verbrannt sind, halten sie sich die Nase zu.

Refrain

In der Weihnachtsbäckerei …

s. o.

Wer hat das Rezept verschleppt?

Anders als beim ursprünglichen Lied „In der Weihnachtsbäckerei" geht es jetzt darum, die Person ausfindig zu machen, die gerade im Besitz des Rezepts ist. Bei größeren Gruppen sollten zwei bis drei Rezepte „verschleppt" werden, so dass nicht nur nach einer Person gesucht wird.

Material: Lied „In der Weihnachtsbäckerei" (s. S. 59), 1 kleines Stück Papier mit einem Rezept

Alle Kinder und Erwachsenen stehen im Stuhlkreis und reichen sich die Hände. Sie warten ab, bis die Erzieherin das Rezept auf einen beliebigen Stuhl legt. Die Gruppe geht im Kreis herum und singt den 1. Teil des Liedes, von „In der Weihnachtsbäckerei…" bis „Wer hat das Rezept verschleppt?". Sofort setzen sich alle auf den Stuhl, vor dem sie gerade stehen. (Derjenige, der auf dem Rezept sitzt, darf es sich möglichst nicht anmerken lassen, und Nachbarn, die es gesehen haben, dürfen es nicht verraten.) Doch wer hat nun das „Rezept" verschleppt? Die TeilnehmerInnen stellen sich reihum die Frage, bis irgendwann auch die Person, die auf dem Rezept sitzt, gefragt wird. Jetzt muss sie sich zu erkennen geben, indem sie aufsteht und das Rezept zeigt.

Wir backen Zimtwaffeln

Zimt gehört zu den süßen Gewürzen, die gerne auch in der Weihnachtsbäckerei verwendet werden. Das angenehm süße, holzige Aroma der Zimtwaffeln ist wohlduftend und lässt die richtige Adventsstimmung aufkommen. Frühmorgens am Festtag den Teig vorbereiten oder Eltern bitten, Teig mitzubringen, so dass während des Festes die Zimtwaffeln gebacken und warm serviert werden können. Damit alle Gäste gleich warme Waffeln essen können, sollten die Waffeln kurz vor Ende des Spielprogramms gebacken werden.

Material: mehrere Waffeleisen
Zutaten für 8–10 Waffeln (je nach Waffeleisen):
125 g Butter (Zimmertemperatur) oder Margarine,
2 El Zucker, 1 Päckchen Vanillezucker, 2 El Zimt, 3 Eier,
250 g Mehl, ½ Tl Backpulver, etwa ¼ l Milch

Teig

Das Fett mit dem Schneebesen des Handrührgeräts in einer Schüssel cremig rühren. Nach und nach Zucker, Vanillezucker, Zimt und Eier hinzufügen und weiterrühren. Mehl und Backpulver mischen und abwechselnd mit der Milch so lange unterrühren, bis der Teig dünnflüssig ist.

Backen

Das Waffeleisen vorheizen und mit 2–3 Tropfen Speiseöl einfetten. Etwas Teig in das Waffeleisen füllen und diesen goldbraun backen. Der leckere Duft der Zimtwaffeln wird bald überall zu riechen sein.

Streichelmassage

Jemanden behutsam berühren oder die Hand eines anderen spüren, erfordert eine gewisse Vertrauensbasis. Wer sich darauf einlässt, bemerkt rasch wie wohltuend eine Streichelmassage sein kann. Dennoch sollte keiner dazu gezwungen werden. Diejenigen, die lieber zuschauen, stellen ihren Stuhl außerhalb des Stuhlkreises.

Die Kinder und Eltern setzen sich im Uhrzeigersinn seitwärts auf einen Stuhl im Stuhlkreis, so dass sie den Rücken des Vordermanns mit beiden Händen gut berühren können. Die Erzieherin stellt sich in die Kreismitte. Ist Ruhe eingekehrt, liest sie langsam und deutlich die Streichelmassage vor. Mit einer Hand macht sie die Bewegungen in der Luft vor, die alle auf dem Rücken des Vordermanns mit beiden Händen imitieren.

Vor dem Fest wollen wir es noch packen
und ein paar Adventsplätzchen backen.

Mit dem Zeigefinger den Umriss von zwei bis drei Plätzchen malen.

Butter, Mehl und Milch verrühren wir ganz fein,
schließlich soll der Teig gut und locker sein.

Eine Hand kreisförmig auf dem Rücken bewegen.

Nun brauchen wir noch etwas Schokolade
und natürlich Honig, Nüsse und Sukkade.

Die Fingerspitzen klopfen leicht auf den Rücken.

Zum Schluss benötigen wir noch etwas Zimt,
so dass das Rezept auch wirklich stimmt!

Die Fingerspitzen klopfen leicht in Richtung Schultern.

Jetzt etwas zur Seite treten,
denn wir brauchen Platz zum Kneten.

Mit beiden Händen die Schultern streicheln.

Gleich stechen wir die Plätzchen aus
und holen sie aus dem leckeren Teig heraus.

Mit Daumen, Zeige- und Mittelfinger die „Plätzchen" behutsam wegzupfen.

Zum Einfetten des Blechs brauchen wir Butter,
die holen wir vom Vater oder der Mutter.

Beide Hände gleiten den Rücken herunter.

Die Plätzchen nun auf das Blech in den Ofen legen
und danach den Tisch säubern und den Boden fegen.

Mit den Fingerspitzen auf den Rücken klopfen, dann mit beiden Händen den Rücken herunter gleiten

Ist die Küche wieder blitzblank und rein,
werden die Plätzchen bestimmt fertig sein!
Guten Appetit!

Die flache Hand kreisförmig bewegen und dann auf dem Rücken ruhen lassen.

Das Fest klingt aus

Nachdem die Kinder mit ihren Eltern die leckeren Zimtwaffeln und das mitgebrachte Gebäck gegessen und den Weihnachtstee getrunken haben, erhalten alle Kinder ein in Folie eingepacktes essbares Apfellicht (s. S. 54), dessen „Licht" sie an den „kleinen grünen Kranz" und somit an die besinnliche Adventszeit erinnern soll.
Mit einem gemeinsam gesungenen traditionellen Weihnachtslied klingt das Fest aus.

Januar, Februar, März, April ...
Wie wäre es mit einem Neujahrsfest?

Die „Jahresuhr" dreht sich ohne Halt jahrein, jahraus und die Monate wechseln leise von einem zum anderen. Schon lange ist es Tradition, das alte Jahr im Kreise von Familie und Freunden zu verabschieden und das neue gebührend zu empfangen – hierzulande mit dem Silvesterfest und dem Feiertag zum Neujahr alljährlich am 1. Januar.
Diese Tage verbringen die meisten Kindergartenkinder in ihren Familien und je nach Alter verschlafen sie den Jahreswechsel vielleicht sogar. Einige Kinder berichten jedoch mit strahlenden Augen von ihren Erlebnissen, besonderen Spielen, Musik und Tanz, Verkleidungen, außergewöhnlichen Zimmerdekorationen und leckeren Naschereien und natürlich vom Höhepunkt des Festes, dem Feuerwerk um Mitternacht mit bunten Sternen und Farbspielen am dunklen Nachthimmel.
Holen wir uns also ein wenig von diesem Zauber in den Kindergarten und empfangen das neue Jahr mit einem Neujahrsfest. Die ErzieherInnen können die Kinder am ersten oder einem anderen Kindergartentag nach der Jahreswende mit diesem Fest morgens überraschen und es damit bewusst im Kreis der Kinder feiern. Eine spezielle Einladung ist daher in diesem Fall nicht nötig und die Vorbereitungen sind auch kurzfristig zu schaffen.

Vor dem Fest

Eine Jahresuhr-Spielkiste

Diese Kiste wird vor dem Fest mit den verschiedenen Spielmaterialien bestückt und steht anschließend jederzeit für Spielaktionen rund um das Jahresuhrlied zur Verfügung.

Jahresuhrwürfel für die Kleinen

Mit diesem Würfel und etwas Glück erspielen sich die Mitwirkenden die Eintrittserlaubnis in den Jahresuhrkreis und erleben in dem Kreisspiel hautnah, wie sich die Monate immer und immer weiter drehen (s. S. 69).

Material: 1 Schaumstoffwürfel (Seitenlänge ca. 15 cm), Klebefolie, Papier, Farben

Drei Jahresuhrmotive auf Papier malen und den Schaumstoffwürfel an drei Seiten mit dem Jahresuhrmotiv bekleben.

Jahreszeitenwürfel für die Größeren

Dieser Würfel vermittelt den Kindern die Symbolik der vier Jahreszeiten und gibt jedem einzelnen Mitspieler seinen Platz im Jahresuhrspielkreis genau vor (s. S. 70).

Material: 1 Schaumstoffwürfel (Seitenlänge ca. 15 cm), Klebefolie, Papier, Farben

Sechs Motive auf Papier aufmalen, z. B. Frühlingsmotiv, Sommermotiv, Herbstmotiv, Wintermotiv, eine große Sonne, ein Clown. Den Schaumstoffwürfel an allen Seiten mit einem Motiv bekleben:

Monatsschilder und Requisiten aus Pappe

Nach den Vorbildern oder ganz frei nach eigenen Ideen zwölf Monatsschilder, die sich einzelne Kinder um den Hals oder wie bei einem Plakatmännchen über die Schultern legen können, und zwölf dazu passende Requisiten basteln. Diese Bastelarbeit kann auch gemeinsam mit den Kindern entstehen.

Material: 12 DIN A4-Pappseiten, 12 DIN A4-Prospekthüllen oder Laminierfolie, evtl. 12 DIN A6-Pappseiten, 12 Bänder, Locher

Die Kinder malen zwölf Monatssymbole auf die DIN A4-Pappseiten. Diese Seiten möglichst laminieren oder in Prospekthüllen schieben, lochen und mit einem Band versehen. Dazu passend zwölf weitere Bilder mit den „Requisiten" ebenfalls in Schildergröße mit Band oder in der Größe von Spielkarten erstellen.

Nr.	Monat	Ideen für das Symbol	Ideen für die Requisiten
1	Januar	 Schneemann	Knopf, Nase, Schal, Hut
2	Februar	 Clown	rote Clownnase
3	März	 Krokus, Schneeglöckchen	eine Blüte
4	April	 Osterhase	Osterei
5	Mai	 Vogel (-pärchen) im Nest	Vogelbaby
6	Juni	 Marienkäfer	schwarze Punkte, Fühler
7	Juli	 Sonne	Sonnenstrahlen
8	August	 Meer, See, Planschbecken	Fisch, Ente oder andere Badetiere
9	Septem-ber	 Igel	Igel mit bunten Herbstblättern
10	Oktober	 Drachen	Drachenschwanz
11	November	 Laternen (-kinder)	eine Laterne
12	Dezember	 Nikolaus, Weihnachtsmann, Christkind, Tannenbaum	Nikolaussack, Weihnachtsmannschlitten, Christkindleins Stern, Tannenbaumschmuck

Monatsschilder und Requisiten aus Stoff und anderen Materialien

Sollen die Spielmaterialien etwas haltbarer sein, bietet sich die folgende Variante aus Stoff an, die sich allerdings zum überwiegenden Teil nur mit Hilfe von Erwachsenen umsetzen lässt.

Material: 12 „Hemdchen" (ähnlich der Startnummern von Sportlern) aus Stoffresten, worauf die Monatssymbole mit Materialien, die die Eigenschaft des jeweiligen Monats fühlbar machen, appliziert werden, Stoffreste, evtl. Kühl- bzw. Wärmekissen, Klettband, Streichhölzer, Zahnstocher, Klebstoff, Steckmoosi, etc.

- ✦ Der Januar-Schneemann besteht aus weißen Stoffresten und kann in seinem Bauch ein kleines Kühlkissen (es wird vor dem Einsatz im Gefrierfach gekühlt) aufnehmen, so dass die Kälte des Monats Januar für die Kinder auch spürbar wird. Die Rübennase aus orange farbigem Material wird als Requisit extra gearbeitet und mit Klettband versehen.
- ✦ Die Juli-Sonne aus weichem, warmen Material wie Nickistoff, Frottee, Samt, Seide oder ähnlichem arbeiten. Wie beim Schneemann könnte hier ein kleines Wärmekissen in der Sonne versteckt sein und seinem Träger einen angenehm warmen Bauch bescheren. Zusätzliche Sonnenstrahlen als Requisite bestehen aus Satin oder weichen Schleifenbändern.
- ✦ Den September-Igel aus dehnbarem bzw. grobmaschigem braunen Stoffrest mit Steckmoosi (aus dem Blumengeschäft) ausstopfen, in den einige Streichhölzchen (ohne Zündkopf) oder Zahnstocher als Stacheln mit einem Tropfen Klebstoff hineingeklebt werden. Die Requisiten-Stacheln stecken in einem kleinen braunen Blatt (Klettband hinten) und werden im Spiel zusätzlich in den Igelrücken aus Moosi hineingesteckt.

Jedes der 12 Requisiten mit einem Klettband versehen, damit es an den großen Monatssymbolen schnell und einfach befestigt werden kann.

Neujahrsbüfett mit Feuerwerksbar

Wie auf vielen richtigen Silvesterpartys sollte es auch auf unserem Neujahrsfest ein Büfett mit kleinen Köstlichkeiten geben, je nach dem Geschmack derjenigen, die die Speisen vorbereiten und mitbringen. Frühzeitig die Eltern um ihre Mithilfe bitten.

Durch außergewöhnliche Getränke erhält die Feuerwerksbar für die Kinder einen besonderen Reiz. Ältere Kinder sind bestimmt begeistert, wenn sie kurzfristig in die Rolle des Barkeepers schlüpfen dürfen. Es werden immer nur kleine Probierportionen ausgegeben, so dass jeder mehrere Getränke kosten kann.

Material: mitgebrachte Speisen für das Büfett, Getränke wie Mineralwasser, Sprudel, gelbe Limonade, Tee oder Kakao, Milchmixgetränke, Obstsäfte, Zucker, bunte Streusel, Speisefarbe, Gläser, Becher, Strohhalme mit Flitterrand oder ähnliche Deko-Trinkhalme
Vorbereitung: Gläser, Becher und Strohhalme bereitstellen, Schilder mit den Getränkenamen bzw. bildhafter Darstellung vorbereiten.

Jedes Getränk aus der Feuerwerks-Bar wird mit einem Flitterrand-Strohhalm serviert z. B.:

- ✦ Konfetti-Limonade: weißen Sprudel frisch ins Glas gießen und vor den Augen der Kinder sofort eine Prise Zucker oder bunte Streusel hineinstreuen. Die Streusel hüpfen lustig im weißen Sprudel auf und ab.
- ✦ Bunter Silvestersprudel: auf den Glasboden etwas Speisefarbe geben, die sich durch Aufgießen von Mineralwasser in roten/grünen/blauen Silvestersprudel verwandelt.
- ✦ Goldregenwasser: gelbe Limonade
- ✦ Raketenfeuer: Heißgetränk Tee oder Kakao
- ✦ Milchstraßen-Cocktail: Milch und Milchmixgetränke in verschiedenen Farben
- ✦ Fitness-Cocktail: verschiedene Obstsäfte oder Saftkombinationen, z. B. Kiba (Bananensaft ins Glas geben und Kirschsaft vorsichtig oben drauf gießen)

Vorbereitungen mit den Kindern

Aus Alt mach Neu! – eine Jahresgirlande zur Dekoration

Die Dekorationsideen für das Neujahrsfest sind so leicht umzusetzen, dass sie nach der Begrüßung mit allen Kindern gemeinsam gestaltet werden können.

Material: gebrauchtes Geschenkpapier und -band (z. B. vom Weihnachtsfest) sowie übrig gebliebene Girlanden, Luftschlangen, Schere, Hefter, Heftklammern, Klebstoff, alte Zeitungen, (Paket-)Band o. Ä. als Hauptgirlandenleine

Jedes Kind erhält etwa 1 m Girlandenleine und verziert sie aus der Fülle von Alltagsmaterialien nach eigenen Vorstellungen und Vorkenntnissen z. B.:

- ✦ Girlande 1: Mehrere Papierstreifen ausschneiden, in der Hälfte falten und abwechselnd mit Schleifen oder Bändern an das Paketband heften.
- ✦ Girlande 2: Halbe Zeitungsseiten zusammenknüllen und als Bonbons einwickeln, die Bonbons werden mit dem Band an die Leine gebunden oder angeheftet.
- ✦ Girlande 3: Besondere Motive aus dem Geschenkpapier, z. B. Glücksklee, Herz, Hufeisen …, doppelt ausschneiden und aufeinander kleben, dabei die Girlandenleine im oberen Drittel mit einkleben.
- ✦ Girlande 4: Ältere Kinder gestalten ihre ganz persönliche Jahresgirlande, an der genau 12 Teile, eines für jeden Monat befestigt, werden. Der eigene Geburtstagsmonat wird dabei besonders hervorgehoben. Die Einzelgirlanden werden am Ende aneinandergeknüpft oder einzeln im Raum dekoriert.

Silvesterblumen

In der dunklen Jahreszeit verschönern diese bunten Blumensträuße die Räume.

Material: kahle Zweige, flache Kiste oder Schüssel mit Konfetti, Tapetenkleister, dicke Pinsel, leere Gläser als Vasen

Die Zweige mit Tapetenkleister einstreichen, in Konfetti tauchen, verbleibende kahle Stellen mit Konfetti bestreuen und zum Trocknen sofort in ein Glas oder eine Vase stellen.

Die Jahresuhr

Nr. 12 – Musik und Text: Rolf Zuckowski

Das Fest beginnt

Auf dem Neujahrsfest wird zur Begrüßung das Lied „Die Jahresuhr" angestimmt, gespielt oder gemeinsam erlernt.

„Die Jahresuhr" singen – und beenden

Das Lied von der Jahresuhr ist eines der beliebtesten Lieder aus Rolfs Liederschatz. Vielleicht gerade deshalb, weil dieses Lied, wie uns Rolf als Komponist selbst eingesteht, „einen kleinen Fehler" hat: Es hat kein Ende.

Material: CD Nr. 12 „Die Jahresuhr"

Die Schlusszeile „… und dann, und dann fängt das Ganze schon wieder von vorne an …" provoziert geradezu eine Endlosschleife, die den kleinen und großen Sängern viel Spaß bereitet. Besonders dann, wenn die Kinder in einer Gruppe entdecken, wie viel „Macht" sie auch über Erwachsene ausüben können, indem sie diese Schlusszeile immer und immer wieder laut intonieren und das Lied von vorn beginnen.
Natürlich lässt es sich „schlagartig" beenden, indem sich jeder Sänger nach der Stelle „… und dann, und dann" mit der eigenen Hand den Mund zuhält. Doch haben erfinderische Gruppen noch andere Möglichkeiten entdeckt … Hier sind einige Varianten:

„Die Jahresuhr" versickert in der Stille

Das Lied wird einige Male gesungen. Auf ein Zeichen der Erzieherin/Lehrerin werden die folgenden Zeilen immer leiser und leiser gesungen, leiser noch leiser, so leise, dass man nur noch ein Flüstern hören kann und noch leiser, bis das Lied in der Stille des Raumes versickert ist.
Kann es jetzt noch jemand hören? Klingt es vielleicht in den Köpfen noch leise weiter?

„Die Jahresuhr" mit Dirigent

Ein Kind übernimmt die Rolle des Dirigenten, indem es auf einem Stuhl stehend die Lautstärke des Liedes mit seiner Hand steuert. Ist die Hand ganz hoch über dem Kopf, singen alle so laut es geht. Sinkt der Arm auf Brusthöhe, singen alle normal, und je tiefer die Hand in Richtung Fußboden zeigt, umso leiser wird gesungen. So kann der Dirigent lustig zwischen leisen und lauten Passagen hin- und herwechseln. Am Ende führt er die Hand langsam oder abrupt zum Boden, so dass das Lied entweder langsam und leise ausklingt oder schlagartig endet.
Vielleicht braucht der eine oder andere Dirigent ein bisschen Zeit zum Üben – nur Mut.

Erfahrene Dirigenten haben sich noch etwas Besonderes ausgedacht. Legen sie ihren Zeigefinger während des Dirigierens plötzlich an die Lippen, heißt es aufgepasst: „Niemand darf mehr singen!" Wie lang die Pause ist, bestimmt der Dirigent allein. Löst sich die Hand wieder, versuchen alle genau an der Stelle wieder einzusetzen, an der das Lied gestoppt wurde. Ob sie es schaffen?

„Die Jahresuhr" als Rundgesang

Nach einem Durchgang der Jahresuhr wird beim zweiten Mal der Text der Zeile „… und dann, und dann" verändert. Alle singen jetzt „… und dann, und dann fängt ein anderes Lied von vorne an!" Die Kinder machen jetzt Vorschläge für ein anderes Lied, das dann angestimmt und gesungen wird. Ist dieses Lied zu Ende, beginnt ein neuer Durchgang der Jahresuhr mit der veränderten Schlusszeile wie oben. Man darf gespannt sein, wie viele Lieder die Kinder kennen und wie lange der Rundgesang in der Gruppe ertönt.

Das „Jahresuhr"-Rätsel

Rolf hat auf der CD in dem Vorspiel des Liedes „Die Jahresuhr" drei sehr bekannte Melodien seiner anderen Lieder versteckt. Hört euch den Anfang der Jahresuhr genau an und versucht diese zu entdecken.

Antwort: 1. Kommt, wir woll'n Laterne laufen
2. Immer wieder kommt ein neuer Frühling
3. In der Weihnachtsbäckerei

Spielideen für das Fest

Mit den Spiel- und Gestaltungsideen rund um das Jahresuhrlied lernen die Kinder die Besonderheiten der einzelnen Monate und der Jahreszeiten hierzulande kennen. Schon den Allerkleinsten fällt es mit diesem Lied sehr leicht, sich die zwölf Monatsnamen des Jahres zu merken.

Jahresuhr spielen

Für viele Kinder stecken in einem neuen Spiel am Anfang einige Schwierigkeiten. Genau zuzuhören, abwarten können und im richtigen Moment entsprechend der Aufgabe zu reagieren kann mit dieser Spielidee zur CD-Einspielung auf kindgerechte Art und Weise und mehrmals hintereinander geübt werden, ohne dass dabei der Spaß verloren geht.

Material: CD Nr. 12 „Die Jahresuhr", 12 Monatsschilder (s. S. 64 u. 65)

Zwölf Kinder suchen sich jeweils einen Monat aus, hängen sich das Monatsschild um und stellen sich mit den anderen Kindern in einem Halbkreis auf. Dabei können auch mehrere Kinder neben einem Monatsschild stehen. Sie merken sich einfach, welchen Monat sie in diesem Durchgang vertreten. Sind die Geburtsmonate den Mitwirkenden schon bekannt, kann natürlich auch jeder seinen eigenen Geburtstagsmonat spielen.
Alle gehen in die Hocke (oder setzen sich im Stuhlkreis auf den Stuhl) und warten gespannt das Vorspiel des Liedes ab. Zum Ticken der Jahresuhr während des Vorspiels wackeln sie mit dem Kopf im Takt hin und her.
Immer wenn der eigene Monatsname ertönt, springt das jeweilige Kind einmal vor Freude in die Luft und hockt oder setzt sich danach wieder hin, um den anderen weiter zuzuschauen, also abzuwarten, bis es selbst wieder an der Reihe ist.
Wer auch noch dazu singt, kommt richtig in Schwung und verbessert seine Kondition.
Welches Kind hält die fünf Durchgänge auf der CD durch?

Jahresuhr-Würfelspiel

Mit diesem Spiel lernen die Kinder die Monate und ihre Symbole kennen, lernen Spielregeln und üben sich je nach Würfelglück in etwas Geduld und Ausdauer.

Material: 12 Monatsschilder (s. S. 64 u. 65), 1 Seil, Jahresuhrwürfel (s. S. 63)

Vorbereitung
Das lange Seil zu einem Kreis zusammenbinden, so dass sich 12 Kinder mit einer Hand daran festhalten können. 12 Kinder wählen sich ein Monatsschild und stellen sich in der richtigen Reihenfolge nebeneinander auf. Stehen sie, wird der Kreis geschlossen und alle fassen mit der rechten Hand das Seil an. Sie sind zusammen die Kinder-Jahresuhr.

Die Kinder-Jahresuhr dreht sich, die Monatskinder gehen singend im Uhrzeigersinn auf der Kreisbahn vorwärts.
Die übrigen Mitspieler stehen etwas abseits. Sobald das Lied beginnt und sich die Jahresuhr dreht, würfelt jeweils einer nach dem anderen. Immer wenn ein Jahresuhrmotiv gewürfelt wurde, sucht sich das Kind die freie Hand eines Monatskindes in der sich immerzu drehenden Jahresuhr.
Eine Spielrunde endet, wenn alle Monatskinder einen Spielpartner an der Hand haben oder keine Würfelkinder mehr da sind. Nach einem Rollentausch beginnt das Spiel von vorn.

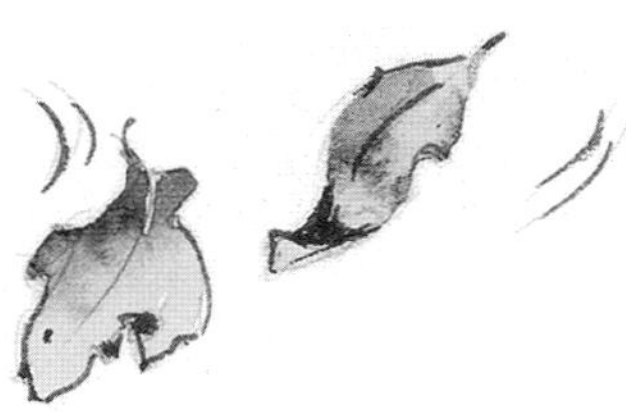

Jahresuhr-Würfelspiel für ältere oder geübte Kinder

Das Spiel beginnt mit der gleichen Aufteilung der Spieler wie beim Jahresuhrwürfelspiel (s. S. 69) und folgt derselben Spielregel. Schwieriger wird es für die Kinder dadurch, dass sie sich jetzt je nach ihrem Würfelergebnis die richtigen Monate aussuchen sollen. Es kann also auch vorkommen, dass z. B. alle Sommermonate schon besetzt sind und man daher warten und sein Würfelglück noch einmal versuchen muss.

Material: 12 Monatsschilder (s. S. 64 u. 65), Seil, Jahreszeitenwürfel (s. S. 63)

Eine Gruppe mit 12 Monatsschildern steht am Seil und geht zu dem Lied im Uhrzeigersinn auf der Kreisbahn herum.
Die übrigen Kinder würfeln mit dem Jahreszeitenwürfel. Zeigt der Würfel das Frühlingsmotiv, darf das Kind sich an einen Frühlingsmonat anhängen, beim Sommermotiv sucht sich das Kind einen der Sommermonate aus und beim Herbstmotiv schaut es nach, ob noch einer der Herbstmonate frei ist. Das Kind, das das Wintermotiv gewürfelt hat, wählt zwischen den winterlichen Monaten. Glück hat, wer die große Sonne trifft, denn derjenige hat freie Auswahl und darf sich an einen beliebigen Monat anhängen. Wer den Clown würfelt, darf noch einmal würfeln.

Jahresuhr-Monatspuzzle

Wie oft sich diese Jahresuhr, auch nach einem Rollentausch zwischen Monats- und Requisitenkindern, weiterdreht, hängt von der Spielfreude und der Ausdauer in der Gruppe ab.

Material: 12 Monatsschilder (s. S. 64 u. 65), Jahresuhrseil, Jahreszeitenwürfel (s. S. 63), Requisiten aus der Jahresuhrspielkiste (s. S. 64. u. 65)

Das Spiel beginnt mit der gleichen Aufteilung der Spieler wie bei den vorherigen Spielen. Alle zwölf Kinder fassen mit der rechten Hand das Seil an, singen das Lied der Jahresuhr und gehen im Uhrzeigersinn auf der Kreisbahn vorwärts.

Die übrigen Kinder nehmen sich die Requisiten aus der Jahresuhr-Spielkiste.
An der Textstelle „… und dann, und dann" wird langsamer gesungen und gegangen. Die Kinder mit den Requisiten suchen die entsprechenden Monatskinder. Anfangs muss man die Jahresuhr evtl. kurz anhalten, bis alle sich zurechtgefunden haben. Haben alle ihren Monat gefunden, zeigen sie ihr Requisit oder kletten es an. Sie fassen die freie Hand des Monatskindes und gehen gemeinsam weiter im Kreis herum.
Sind Requisiten in der Kiste geblieben, lösen sich die Kinder in der dritten Runde wieder von den Monatskindern und holen die restlichen Teile. Erst wenn die Stelle „… und dann, und dann" wiederkehrt, schließen sie sich wie vorher dem Jahresuhrkreis an.

„Die Jahresuhr"-Aufführung

Material: *CD Nr. 12 „Die Jahresuhr", pro Kind 1 Kostüm*

Zwölf Kinder (oder mehr) verkleiden sich entsprechend der Monate bzw. Jahreszeiten.

- **Januar** als Schneemann oder Schneefrau: ein altes, weißes Hemd von Papa, Hut oder Mütze, Schal, Knöpfe aus schwarzem Filz, rote Nase.
- **Februar** als Narr oder Clown: ein Faschingskostüm hat jedes Kind
- **März** als Krokus: grün gekleidet mit buntem Hut oder Krepppapierkragen
- **April** als Osterhase: weiße, graue, braune Kleidung, Hasenohren aus Pappe am Stirnband, Stummelschwanz aus Papiertuch oder Wollpompon
- **Mai** als Vogel: einfarbige Grundkleidung, Flügel aus bunten Tüchern, Schnabel aus Pappe
- **Juni** als Marienkäfer: schwarze Grundkleidung, Flügel aus roten oder braunen Tüchern/Stoff, schwarze Mütze oder Stirnband mit Fühlern (z. B. Pfeifenputzer mit Styroporkugel)
- **Juli** im Badeanzug mit Schwimmring: Flossen, Taucherbrille, aufblasbare Badetiere oder kleine Luftmatratzen
- **August** als Sonnenkinder und Ferienreisende: Sonnenkinder in gelber Grundkleidung mit Hut aus

gelber Pappe und Sonnenstrahlen aus gelben Streifen/Bändern. Ferienkinder tragen Sommerkleidung und einen kleinen Koffer.

- **September** ist ein Igel: schwarze/braune Grundkleidung mit Kapuze oder Mütze, die Kopf- und Rückenpartie mit Holzwäscheklammern spicken, an denen einige bunte Herbstblätter befestigt sind
- **Oktober** hat einen Drachen (in der Hand oder am Körper): einfarbige Grundkleidung, einen Drachen auf dem Rücken mit kurzem Schwanz
- **November** sind Laternenkinder: mit Laternen in Gummistiefeln und Wetterjacke
- **Dezember** als Nikolaus und Weihnachtsmann oder auch Weihnachtswichtel, Christkind, Tannenbaum

Ein zusätzliches Kind könnte als ganze Jahresuhr zum Einsatz kommen: Zwei große Jahresuhrpappscheiben an Bauch und Rücken befestigen. Besonders lustig sieht es aus, wenn die Scheiben so groß sind (an einen Sehschlitz denken), dass das Kind dahinter richtig versteckt ist.

Tipp

Die Kinder sollten vor der Aufführung unbedingt einmal im Kostüm proben.

Spielidee

Alle Monate stellen sich mit gutem Abstand (die Arme einmal ausstrecken) nebeneinander und mit dem Rücken zum Publikum auf.

- Zu den ersten Tönen der Musik unterstützen alle das rhythmische Ticken der Uhr, z. B. Kopfwackeln oder von einem Fuß auf den anderen treten.
- Jeder Teilnehmer wartet auf seinen Einsatz, denn sobald der eigene Monat erstmalig erklingt, springt „er" vor Freude eine halbe Drehung zum Publikum und bleibt stehen. Bei der Wiederholung treten die Monate noch einen Schritt vor und die zusammen besungenen fassen sich an und gehen im Kreis herum (im Uhrzeigersinn).
- Zur gleichen Zeit springen die folgenden Monate „Mai, Juni, Juli, August …" herum, bleiben stehen, treten bei der Wiederholung einen Schritt vor und gehen dann ebenso im Kreis herum.
- Sehr geduldig müssen die Kinder der Monate „September, Oktober, November, Dezember …" warten. Doch dann springen auch sie vor Freude eine halbe Drehung. Da es keine Wiederholung gibt, fassen sie sich sofort an und gehen geführt vom letzten Kind im Dezember, einen Kreis (im Uhrzeigersinn) auf den Platz zurück.

- ✦ Zur Textstelle „… und dann, und dann, fängt das Ganze schon wieder von vorne an“ sollten alle Monate wieder an ihrem Platz stehen, schauen zum Publikum und treten jeweils vor. Und dann, und dann fängt das Ganze schon wieder von vorne an … Wie lange?

Auf der CD-Fassung dreht sich die Jahresuhr fünfmal. Wenn man live dazu singt, was natürlich die Kondition der Mitspielenden stark verbessert, ist die Anzahl der Durchgänge schwer vorauszusagen …

Kinder zeigen ein Feuerwerk

Natürlich soll auch unser Neujahrsfest mit einem großen Feuerwerk abschließen, allerdings einem ganz besonderen: Einmalig und trotzdem zu jeder Gelegenheit ohne Kosten wiederholbar, ohne Feuer- und Brandgefahr und daher in jedem Raum durchführbar und gespickt mit den Ideen kindlicher Fantasie.

Ein Feuerwerk der Kinder lebt von zwei verschiedenen Effekten.

- ✦ Eine Gruppe kümmert sich um die Akustik, also die Feuerwerksmusik: Knall, Bumm, Peng, Heul und Zisch ertönt die Feuerwerksgeräuschkulisse aus dem Mund, vom Körper und/oder mit Hilfe von allen vorhandenen Musikinstrumenten und Krachmachern aus Küche, Keller und Spielkisten.
- ✦ Die zweite Gruppe (möglichst in gleicher Gruppenstärke) sorgt für die optischen Effekte, lässt Leuchtkugeln, Silberflitter und Farbenregen hoch in der Luft aufleuchten und wieder verschwinden.

Feuerwerkorchester live

Wie bei einem richtigen Feuerwerk sollte es in diesem Orchester rascheln, wispern, knallen, donnern, böllern, heulen, jaulen, zischen, klirren, gongen, fiepen, pfeifen und vor allen Dingen ordentlich Krach machen. Die Spannung steigt allerdings besonders, wenn es zwischendurch auch einmal ein paar ruhige Takte gibt.

Material: Musikinstrumente, alle denkbaren Geräuschobjekte wie Töpfe, Deckel, Schüsseln, Heulrohre, Flöten, Knallfrösche, Knisterfolien usw.

Jedes Kind entscheidet sich unter der Leitung des Dirigenten (anfangs die Gruppenleiterin) für ein einziges Geräusch, dabei kann der Ton kurz, laut, lang gezogen, leiser oder auf- und abschwingend sein.
Dann beginnt eine erste Musikprobe.
Zum Einspielen lassen alle Musiker ihre Geräusche gleichzeitig, mehrmals hintereinander so lange ertönen, bis der Dirigent abwinkt. Danach bestimmt der Dirigent die Reihenfolge und „komponiert“ somit die erste Feuerwerksmusik. Wenn er auf ein Kind zeigt, lässt dieses das Geräusch einmal ertönen und wartet anschließend auf den nächsten Einsatz. Die Geräusche werden in unterschiedlichen Tempi nacheinander abgefordert. Schließlich muss noch der Übergang zum Finale deutlich geprobt werden, wenn am Ende mehrere Geräusche gleichzeitig ertönen sollen.

Feuerwerksraketen

Die bunten Feuerwerkskörper, die von den Kindern in die Luft befördert werden, erreichen den Himmel vielleicht nicht ganz, können aber je nach dazugehörigem Geräusch schnell hinauf und langsam herabschweben, können blitzartig aufflackern oder in weiten Bögen von links nach rechts gleiten. Der Fantasie ist nur eine Grenze gesetzt: Niemand darf von einer „Rakete“ verletzt werden.

Material: Papier, alte Zeitung, Tischtennisbälle, Glitzer-, Plastik- und Silberfolienstreifen, Geschenkbänder, Luftschlangen, Lametta, leere Papprollen, Luftballonstäbe, Strohhalme, Wasserballons, Tischtennisbälle, Kleber, Hefter, Schere

Jedes Kind bastelt sich einen Leuchtkörper, z. B.:

- ✦ Leuchtkugel: Zeitungspapierball mit Glanzfolie umwickeln, Tischtennisball bunt einpacken, Wasserballon einen Schweif aus Bändern anknoten.
- ✦ Silber-, Gold-, oder Glitzerregen: mehrere Streifen Band, Papier oder Folie an einem Ende einer Papprolle festheften.

- ✦ Leuchtsterne: je Kind zwei Stern- oder Fantasieformen aus Papier ausschneiden und an Luftballonstab/Strohhalm kleben.

Spielidee

Die Kinder hocken sich nebeneinander und probieren ihre Raketen aus, vielleicht braucht der ein oder andere ein bisschen Hilfe:

- ✦ Die Leuchtkugel kann mit Hilfe der Startrampe – das Kind springt aus der Hocke in den Stand – einmal vorsichtig so hoch fliegen, dass sie nach dem Abwurf wieder sicher in den Kinderhänden und das Kind vorsichtig in der Hocke landet.
- ✦ Der Glitzerregen wird in einer Hand gehalten. Das Kind streckt sich mit ausgebreiteten Armen hoch hinauf in den Stand (bis auf Zehenspitzen) und dabei schwebt der Glitzerregen über den Kopf bis in die andere Hand und das Kind landet wieder sicher in der Hocke.
- ✦ Die Leuchtsterne schießen förmlich mit einem Strecksprung steil in die Höhe, wirbeln über dem Kopf herum und sinken langsam zur Erde zurück.

Es findet sicher jede Gruppe noch viele andere Möglichkeiten …

Schließlich müssen die „Raketen" noch lernen, gezielt, nacheinander und auf ein Zeichen des Feuerwerkmeisters (die Gruppenleiterin) zu reagieren und aufzusteigen. Wenn das geschafft ist, kann das erste Feuerwerk der Kinder stattfinden.

10–9–8 … 3–2–1 – Feuerwerk der Kinder

Die beiden Gruppen treffen sich und bilden Paare, je ein Feuerwerksmusiker mit einer Feuerwerksrakete. Die Musiker setzen sich in einem Halbkreis auf den Boden und die Raketenkinder stellen sich jeweils mit Abstand hinter ihre Musiker. Nun übernimmt der Feuerwerksdirigent die Regie, zeigt immer wieder deutlich auf die verschiedenen Musiker, die sofort ihr Geräusch ertönen lassen und gleichzeitig bewegt sich die dazu gehörende Rakete in die Luft.

Wie schön, dass diese Feuerwerksraketen nicht nach dem ersten Start verbrennen, sondern fast pausenlos einsatzbereit sind.

Tipp

Je nach Anzahl der Mitwirkenden kann es nötig werden, die Gruppe einzuteilen und mehr als einen Dirigenten einzusetzen.

Weitere „Ideenblitze"

- ✦ Wie wohl so ein Feuerwerk der Kinder vor einer blauen oder schwarzen Wand aussieht?
- ✦ Vielleicht wird die Gruppe neugierig, wie das Feuerwerk in einem dunklen Raum wirkt? Hier kommt eine weitere Gruppe zum Einsatz, die mit blinkenden Taschenlampen, Leuchtstäben, Blinkis o.Ä. zusätzlich eine besondere Lichtstimmung schafft.
- ✦ Möglicherweise kann das Feuerwerk als Video aufgezeichnet werden, damit sich die MitspielerInnen selbst einmal sehen können?
- ✦ Findet das Feuerwerk vor Publikum statt, z.B. als Überraschungsgeschenk zu einem besonderen Geburtstag, stimmt die Gruppe gemeinsam darüber ab, ob durch zwei bis drei Luftballons, die mit einer Nadel zerplatzt werden, ein weiterer Knalleffekt geschaffen wird. Mit zwei Wunderkerzen (an Teelichtern entzündet) links und rechts neben der Gruppe gehalten, endet dieses besondere Spektakel in echtem Lichterglanz.

Es schneit

Nr. 15 – Musik und Text: Rolf Zuckowski

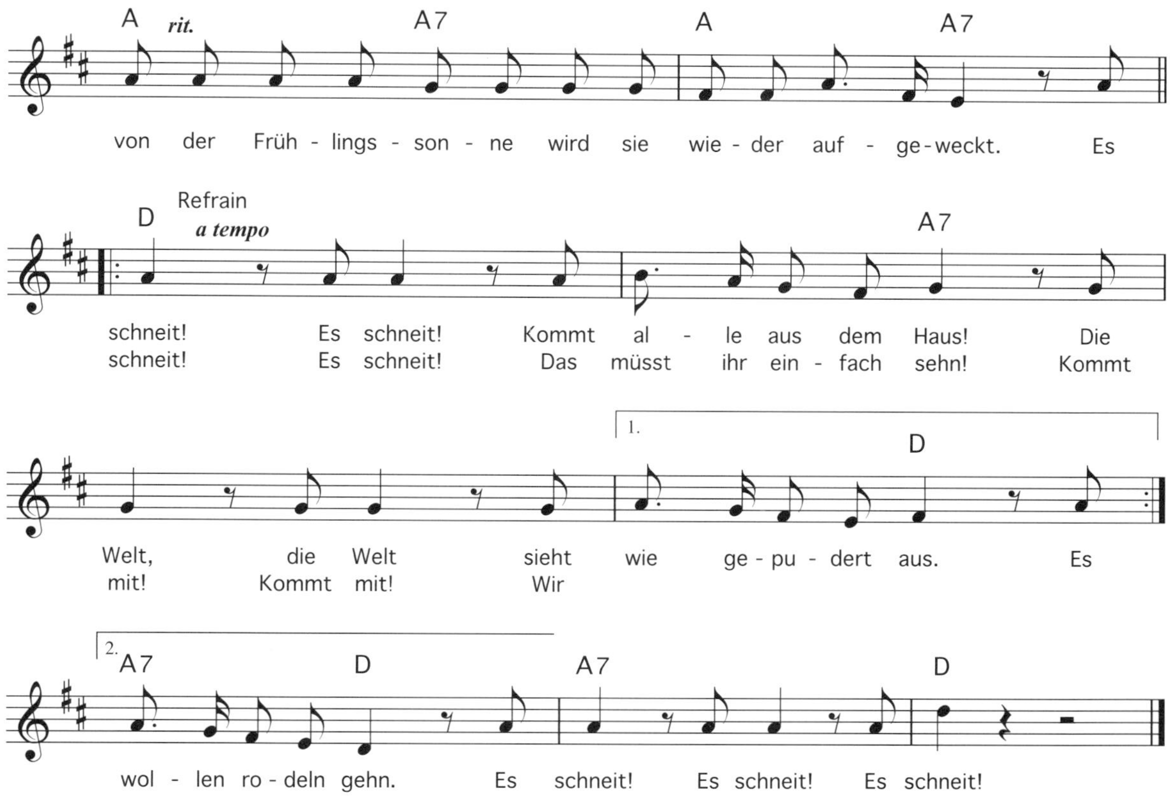

„Es schneit" – kommt alle raus

Sollte in einigen Gegenden durch das Feuerwerk der Winter angelockt worden sein und sich draußen eine weiße Schneedecke breit gemacht haben, bietet es sich an, wie in Rolfs Lied „Es schneit" die Schlitten herauszuholen und im Freien weiterzufeiern. Ein heißer Kinderpunsch und ein gesunder Wintersnack schmecken in einer Schlittenburg viel besser. Glücklicherweise sind ja einmal gelernte Lieder jederzeit mit Text und Melodie im Kopf abrufbereit, also auch im Freien. Und damit niemandem kalt wird, folgt ein Bewegungsspiel mit Schlitten.

Material: je 2–3 Kinder 1 Schlitten, alternativ dickere Plastiktaschen oder -säcke am Band

Die Schlitten zu einer großen Schlittenburg zusammenschieben, dabei zeigen die Bänder nach außen. Die Kinder stellen sich in einem großen Kreis um die Schlitten herum.

Refrain

Es schneit! Es schneit!
Kommt alle aus dem Haus!
Die Welt, die Welt
sieht wie gepudert aus.

Alle hüpfen im Galopphüpfer oder Seitgalopp um die Schlitten herum.

Es schneit! Es schneit!
Das müsst ihr einfach sehn!
Kommt mit! Kommt mit!
Wir wollen rodeln gehn.

Nach einer Richtungsänderung hüpfen alle bis zum eigenen Schlitten zurück.

1. Wir laufen durch die weiße Pracht
und machen eine Schneeballschlacht,
aber bitte nicht mitten ins Gesicht!
Alle formen einen Schneeball, laufen damit bis an die Schlittenburg und werfen ihn auf die andere Seite.

Refrain
Es schneit …
s. o.

2. Wir holen unsre Schlitten raus
und laufen in den Wald hinaus
Jeder nimmt seinen Schlitten und zieht/schiebt ihn während der ersten zwei Zeilen so weit es geht aus der Burg heraus.
und dann bauen wir den Schneemann vor der Tür.
Danach wird auf dem Schlitten ein kleiner Schneemann gebaut.

Refrain
Es schneit …
Zum ersten Teil dieses Refrains, evtl. etwas langsamer gesungen, werden die Schlitten mit den Schneemännern vorsichtig in die Schlittenburg zurückgeschoben.
Im zweiten Teil fassen sich alle Kinder an und bilden einen großen Kreis um die Schlitten herum.

Zwischenspiel
Aus grau wird weiß,
aus laut wird leis,
die Welt wird zugedeckt
und von der Frühlingssonne
wird sie wieder aufgeweckt.
Alle gehen langsam auf die Schlitten zu, strecken dabei die gehobenen Arme nach vorn, um die Schneemänner „zuzudecken" und gehen an der Stelle „… von der Frühlingssonne …" ohne loszulassen rückwärts zurück.

Refrain
Es schneit …
Im ersten Teil hüpfen alle Kinder im Seitgalopp um die Schlitten herum, im zweiten Teil auf die Schlitten zu und wieder zurück.
Es schneit! Es schneit! Es schneit!
Die Kinder werfen vor Freude die Arme in die Luft und lassen sich am Ende in den Schnee fallen.

Schneeflocken und Schneewolken

Wenn es draußen grün ist und die Welt nicht „weiß gepudert" aussieht, kann man den Schnee auch selbst machen. Ein paar kleine Vorbereitungen und schon findet die Schneeballschlacht im Haus statt. Echte Schneekristalle schmelzen ja leider zu schnell in der Hand, selbst gemachte Schneeflocken und Bälle dagegen halten länger und können eine Kindergruppe auch drinnen sehr bewegungsintensiv durcheinanderwirbeln.

Material: für die Wolken: alte weiße Bettwäsche, Malerabdeckfolien, Müllsäcke in blau, weiß und klarsichtig; für die Schneeflocken: kleine weiße Luftballons, Tischtennisbälle, kleine weiße Mülltüten (z. B. für Kosmetikeimer), Watte, doppelseitiges Klebeband

Vorbereitung mit den Kindern

- Schneeflocken oder -bälle entstehen, wenn das doppelseitige Klebeband von der Schutzfolie befreit in unterschiedlichen Längen zusammengeknüllt und sofort mit einer Schicht Watte bezogen wird.
- Für große Schneebälle die Mülltüten mit Luft füllen und zuknoten.
- Jede der unterschiedlichen Schneesorten auf eine eigene Schneewolke legen, z. B. die Watteflocken auf ein weißes Betttuch, die Tischtennisbälle auf einen Kissenbezug, die weißen Mülltüten auf eine Malerabdeckfolie.

Spielideen

Die Kinder experimentieren zunächst in kleinen Gruppen mit den unterschiedlichen Schneematerialien:

- Welche Schneeflocken lassen sich leichter pusten, werfen, fangen, rollen, schnipsen usw.?
- Welche Schneeflocken fliegen am höchsten, welche am weitesten?
- Welche Schneeflocken balancieren auf dem Finger, der Hand, der Nase, dem Fuß, dem Rücken, dem Kopf?
- Kann man die Schneewolke anheben, ohne dass ein Schneeflöckchen dabei herunterfällt?

- Kann sich ein Kind aus der Gruppe vorsichtig unter die Wolke legen, während die anderen aufpassen, dass kein Schneeflöckchen verloren geht?
- Können zwei Schneewolken ihre Plätze tauschen, ohne dass eine einzige Schneeflocke verloren geht?

Variante

Mit Rolfs Lied „Es schneit" (s. S. 74) macht es noch mehr Spaß: Zum ersten Refrainteil des Liedes hüpfen alle Gruppen um ihre Schneewolke herum.
Zum zweiten Refrainteil fassen sie die Wolke an und bei einem weiteren „Es schneit" schütteln alle gleichzeitig ihre Schneeflöckchen hoch in die Luft.
Diese ganz einfache Choreografie lässt sich mit ein bisschen Fantasie und den Ideen der Kinder noch weiter ausgestalten.

Schneeräumdienst

Nach so einem Schneegestöber ist es selbstverständlich, dass das Schneeräumkommando anrückt und der Schnee auch wieder geräumt wird.

Material: Strohhalme, Pappseiten

Spielideen

Die Kinder in kleine Gruppen einteilen. Sie übernehmen oder erfinden selbst neue „Schneeräummaschinen", z. B.:

- Schneegebläse: die Schneeflocken auf die richtige Wolke zurückpusten
- Schneesauger: mit dem Strohhalm Flocken ansaugen und sie so auf die richtige Wolke transportieren
- Schneeschieber: mit Pappseiten die Flocken auf die Wolken schieben
- Schneefänger: mehrere Kinder werfen sich die Flocken gegenseitig zu, bis sie auf der richtigen Wolke landen
- Schneefräse: die Schneeflocken mit den Fingern zur richtigen Wolke schnippen
- Schneefresser: die größeren Flocken bzw. Bälle mit der Nasenspitze auf die richtige Wolke treiben

Sicherlich finden die Kinder schnell heraus, welche Schneeräummaschine am leichtesten mit den unterschiedlichen Schneematerialien fertig wird.

Das Fest klingt aus

Das Neujahrsfest endet mit der Abholzeit. Die Kinder können sich vor den Augen der Eltern sowohl mit der Jahresuhr als auch mit einem Feuerwerk voneinander verabschieden.

Einige der Spielideen des Neujahrsfestes eignen sich zu verschiedenen Anlässen im Jahr. So gibt es das Blümchen, das im Frühling zum ersten Mal wieder seine Blätter aus der Erde herausstreckt und von den Kindern mit dem Jahresuhrlied begrüßt werden kann.
Besondere Termine wie Geburtstage, (Dienst-)Jubiläen, Eröffnungen, Einweihungen, mehrjähriges Bestehen einer Einrichtung oder Abschiedsfeste können mit einem Jahresuhrspiel oder einer Feuerwerksaufführung von Kindern gestaltet und mit ihnen gefeiert werden.

Denn eines ist ganz sicher – die Jahresuhr steht niemals still!

Immer wieder kommt ein neuer Frühling

Ein Frühlingsfest

Im Frühling, wenn die Natur erwacht und ihr „Kleid" wechselt, gibt es viele Dinge zu beobachten, zu entdecken und zu erforschen. Zugvögel kehren aus dem Süden zurück, Frühblüher wie Krokusse fangen an zu blühen, Bäume treiben Knospen und schlagen aus und zeigen sich von ihrer schönsten Farbenpracht. Tiere, die gerade aus dem Winterschlaf erwacht oder mit der Aufzucht ihre Jungen beschäftigt sind, streifen jetzt häufiger durch die Wälder, Wiesen und Felder. Und die wohltuenden Sonnenstrahlen, das Licht und die grünen Wiesen und Wälder locken die Kinder zum Spielen in die freie Natur heraus. Um den zauberhaften und lebendigen Frühling zu begrüßen, eignet sich ein farbenfrohes Frühlingsfest, das, wenn einen das Wetter nicht ganz im Stich lässt, auch im Freien stattfinden kann. Auf diese Weise können Groß und Klein hautnah den Frühling erleben.

Vor dem Fest

Frühlingsboten-Einladung

Um das Frühlingsfest anzukündigen, eignet sich besonders gut eine Einladung, die auf das Wachsen und Werden in der Natur hinweist. Den Einladungstext schreibt die Erzieherin und kopiert ihn für alle Kinder.

Material: pro Kind 3–4 Frühlingsblumen, Blumenpressen oder alte Zeitungen, dicke Bücher, hellgrünes Tonpapier (DIN A5), Klebstoff

Liebe Mama und lieber Papa,
am . . . . , um . . . .
lade ich euch zu einem bunten Frühlingsfest ein, das bei schönem Wetter im Garten des Kindergartens (oder auf dem Schulhof) stattfindet. Gemeinsam wollen wir Frühlingslieder singen, das Tanzbein schwingen und durch Beobachten, Lauschen, Schmecken, Riechen und Spüren den Frühling erleben.
Leichte Snacks und erfrischende Getränke sorgen für das leibliche Wohl und lassen unser gemütliches Beisammensein gegen .... Uhr ausklingen!
Bitte kommt zum Feiern in unseren Garten, denn wir können es kaum mehr erwarten!

Euer(e) . . . .

Variante
Wenn es keinen Garten gibt, können die Schlusszeilen des Einladungsschreibens (s. S. 78) auch heißen:

Bitte kommt zu unserem Frühlingsfest
und seid unsere lieben Gäst'!

Die Kinder machen einen Spaziergang und pflücken die ersten Frühlingsblumen wie Gänseblümchen und Schlüsselblumen, die sie in die Einrichtung bringen. Sind keine Blumenpressen in der Einrichtung vorhanden, legen die Kinder ihre Blumen zwischen zwei Zeitungsblätter, die sie mit möglichst dicken Büchern beschweren. Nach zwei bis drei Tagen sind die Blumen gepresst und trocken.
Jedes Kind faltet das hellgrüne Tonpapier in der Mitte. Auf die Vorderseite der „Doppelbriefkarte" klebt es jeweils drei bis vier gepresste Blumen. Das kopierte Einladungsschreiben kleben die Kinder auf die Innenseite der Karte.

Farbenfrohe Flaschenvasen

Einfach und schnell lassen sich Vasen für Frühlingsblumen wie Krokusse und Narzissen herstellen.

Material: Sprudelflaschen, Einmach- oder Marmeladengläser, Plakafarben, Klarlack

Die Flaschen oder Gläser gut ausspülen und abtrocknen.
Sie anschließend bemalen und trocknen lassen.
Mit Klarlackspray besprühen.

Pappteller-Collage

Eine farbenfrohe Pappteller-Collage ist eine hübsche Dekoration, die an Ästen und Zweigen der Bäume und Sträucher gut zur Geltung kommt.

Material: Pappteller, helle, gut deckende Farben, 1 spitze Schere, Wolle, unterschiedliche kleine Dinge zum Verzieren (z. B. bunte Federn, gepresste Blumen, Bänder, Schleifen, kleine Marienkäfer und Schmetterlinge aus Holz oder Papier), Klebstoff

Alle Kinder suchen sich eine helle Frühlingsfarbe aus, die sie direkt aus der Flasche sparsam auf dem Pappteller auftragen und mit den Händen verteilen. Erst wenn die Farbe trocken ist, fertigen die Kinder eine farbenfrohe Collage an, indem sie nach Herzenslust die unterschiedlichsten Dinge, z. B. bunte Federn, gepresste Blumen, Bänder, Schleifen, Marienkäfer und Schmetterlinge aufkleben. Die Erzieherin macht am Tellerrand mit Hilfe einer spitzen Schere ein Loch, durch das das Kind ein Stück Faden zieht und verknotet. Jetzt können die Kinder ihre fertigen Pappteller-Collagen im Garten aufhängen.

Leichte Snacks für das Frühlingsbüfett

Ein knackiger Frühlingssalat und Frühlingsquark-Schmetterlinge schmecken nicht nur lecker, sondern passen besonders gut zu einem „herzhaften" Frühlingsfest.

Frühlingsquark-Schmetterlinge

Zutaten für 1 Person: 1 Scheibe Kastenbrot, 1 El Frühlingsquark, ½ Mohrrübe (der Länge nach durchgeschnitten), 1 Schnittlauchhalm, Radieschen- und Gurkenscheiben, Petersilie und Dill

Die Brotscheibe mit etwas Frühlingsquark bestreichen und diagonal durchschneiden, so dass zwei Dreiecke entstehen.
Die beiden Brothälften als Flügel an eine halbierte Mohrrübe, den „Körper", auf einen Teller legen.
Den Schnittlauchhalm in der Mitte durchschneiden und als „Fühler" dazu dekorieren.
Wer möchte, kann die „Flügel" mit kleinen Köstlichkeiten wie Gurken- und Radieschenscheiben garnieren.

Knackiger Frühlingssalat

Zutaten für ca. 8 Personen: 1 Kopfsalat, 1 Bund Radieschen, 3 Möhren, 3 Tomaten, 3 Paprika, 1 Bund Frühlingszwiebeln, 300 g Mozzarella, Joghurtdressing oder 150 g Naturjoghurt, reichlich fein gehackte Kräuter (Schnittlauch, Basilikum und Kerbel), etwas Zitronensaft, 1 Prise Salz, Pfeffer und Zucker

Die Salatblätter gründlich waschen, in mundgerechte Stücke zupfen und in eine Schüssel geben.
Die Radieschen waschen, vom Grün befreien und in Scheiben schneiden.
Die Möhren schälen und grob raspeln.
Die Tomaten waschen und vierteln.
Die Paprika waschen, putzen und in feine Streifen schneiden.
Die Frühlingszwiebeln waschen und in feine Ringe schneiden.
Sämtliche Zutaten in eine Schüssel geben.
Den Mozzarella würfeln und in die Schüssel geben.
Aus Joghurt, reichlich fein gehackten Kräutern, etwas Zitronensaft, 1 Prise Salz, Pfeffer und Zucker eine Joghurtsauce rühren und dem Salat beifügen. Vor dem Servieren alles gut mischen.

Frühlingsbüfett

Ein appetitlich angerichtetes Büfett ist einladend und geradezu ideal für ein Frühlingsfest im Garten.

Material: 5 Festzelttische, weiße Papiertischdecken, 1 doppelseitige Klebebandrolle, 3–4 Stapel mit Salattellern, Teller mit jeweils 1 Frühlingsquark-Schmetterling (s. linke Spalte oben), 3–4 Schüsseln mit Frühlingssalat (s. linke Spalte unten), 3–4 Schalen mit heimischen Obstsorten im Frühling (z. B. Äpfel und Birnen), Servietten, pro Gast 1 Gabel, Getränke

Kinder haben viel Spaß daran, ein großes Büfett mit kalten und/oder warmen Speisen aufzubauen, an dem sich alle Gäste bedienen können. Damit jedoch nicht alles wahllos angeordnet ist, sollte das Büfett ein erkennbares System haben. Hier ein Vorschlag:

- Die Tische in einer Reihe z. B. entlang einer Wand stellen, so dass alle Gäste nacheinander von einer Seite zu den einzelnen Tischen bzw. Speisen gelangen.
- Weiße Papiertischdecken für die Tische benutzen und mit doppelseitigem Klebeband am Tischrand befestigen.
- Auf den ersten Tisch 2–3 Stapel mit Tellern stellen und in Servietten eingerollte Gabeln legen.
- Auf den zweiten Tisch viele kleine Teller platzieren, auf denen sich immer ein Frühlingsquark-Schmetterling befindet.
- Auf den dritten und vierten Tisch 3–4 Schüsseln mit knackigem Frühlingssalat stellen.
- Auf den fünften Tisch 3–4 Schalen gefüllt mit heimischem Obst stellen.

Tipp

Gläser und Flaschen oder Krüge mit Getränken (z. B. Apfelsaftschorle oder Birnensaft) auf die einzelnen Esstische stellen.

Frühlingsbilder für die Stationen

Kleine Preise erfreuen alle Kinder und brauchen keineswegs teuer sein.

Material: Papier und Stifte, kopierte Malvorlagen, die sich auf das Lied „Immer wieder kommt ein neuer Frühling" beziehen (als Motive eignen sich z. B. ein Krokus oder Häschen, eine Meise beim Nestbau, eine Schlange oder Sonne), evtl. Malbücher

Kinder, die die acht Spielstationen (s. S. 84–87) erfolgreich absolviert haben, erhalten zur Belohnung eine kopierte Malvorlage, die sich auf das Lied „Immer wieder kommt ein neuer Frühling" bezieht.
Diese dürfen die Kinder ausmalen und/oder ausschneiden.

Immer wieder kommt ein neuer Frühling

Nr. 6 – Musik und Text: Rolf Zuckowski

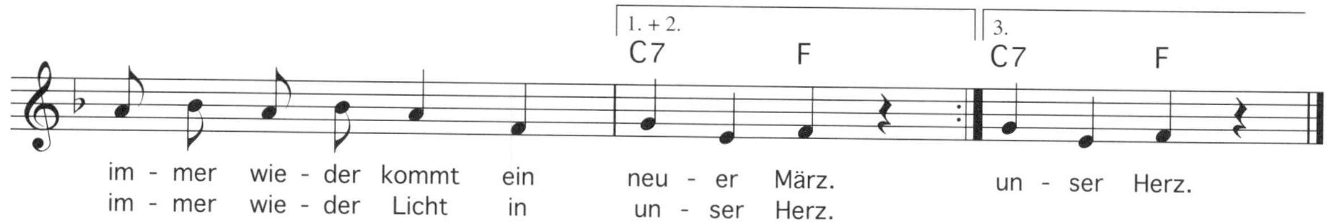

Das Fest beginnt

Frühlingsreigen

Zum Festauftakt singen die Kinder, die vor dem Publikum stehen, das Lied „Immer wieder kommt ein neuer Frühling", das wie auf der CD hörbar in drei Tonarten (C/D/F) gesungen werden kann. Rolf Zuckowski empfiehlt mit jüngeren Kindern das Lied in D-Dur zu singen, da die mittlere Tonart für diese Zielgruppe am geeignetsten ist. Schulkinder können das Lied evtl. bereits zweistimmig singen.

Material: CD Nr. 6 „Immer wieder kommt ein neuer Frühling", doppelseitiges Klebeband, weiße Kappen (Krokus-Gruppe), Watte (Häschen-Gruppe), Bastelfedern (Meisen-Gruppe), braune T-Shirts oder Tücher zum Umhängen (Schlangen-Gruppe), gelbe T-Shirts mit gelben Krepppapier- oder Schleifenbändern als Sonnenstrahlen und/oder gelbe Kappen (Sonnen-Gruppe)

Vorbereitung

Damit das Lied möglichst lebendig vorgetragen wird, bilden die Kinder gleich große Gruppen von 3–6 Kindern (je nachdem wie viele Kinder beteiligt sind), die jeweils eine Rolle erhalten:

- ✦ Krokus-Gruppe: jedes Kind trägt eine weiße Kappe als „Blütenkopf"
- ✦ Häschen-Gruppe: jedes Kind klebt einen Wattebausch an den Po (mit doppelseitigem Klebeband)
- ✦ Meisen-Gruppe: jedes Kind klebt zehn Bastelfedern auf das Oberteil (mit doppelseitigem Klebeband)
- ✦ Schlangen-Gruppe: jedes Kind zieht ein braunes T-Shirt über die normale Kleidung oder hängt sich ein Tuch um die Schultern
- ✦ Sonnen-Gruppe: jedes Kind zieht ein gelbes T-Shirt an und/oder eine gelbe Kappe auf

Die Kinder und Eltern bilden einen großen Kreis. Die Kinder beginnen zu singen und machen die aufgeführten Bewegungen vor, die die Eltern beim Refrain unterstützen.

Refrain

Immer wieder kommt ein neuer Frühling,
immer wieder kommt ein neuer März.
Immer wieder bringt er neue Blumen,
immer wieder Licht in unser Herz.

Um die Blumen darzustellen, halten die Kinder ihre Unterarme vor die Brust, die beiden Handflächen berühren sich und öffnen sich langsam wie eine Blüte. Bei der letzten Zeile deuten die Kinder mit der rechten Hand auf ihr Herz.

1. Hokuspokus steckt der Krokus
seine Nase schon ans Licht.

Die Krokus-Kinder gehen in die Hocke. Dabei halten sie ihre Arme vor die Brust, so dass sich die Handflächen berühren. Während sie nun langsam aufstehen, öffnen sie ihre Hände.

Refrain

Immer wieder kommt ein neuer Frühling …

Beim Refrain gehen die Krokus-Kinder im Takt Richtung Kreismitte und bleiben dort stehen. Mit den Händen stellen sie die Blüte dar.

2. Auch das Häschen steckt sein Näschen
frech heraus aus seinem Bau.

Die Häschen-Kinder gehen in die Hocke und strecken ihre Nasenspitzen zur Decke.

Refrain

Immer wieder kommt ein neuer Frühling …

Die Häschen-Kinder halten beide Hände am Kopf als „Hasenohren", hüpfen in Richtung Kreismitte und bleiben dort stehen.

3. Still und leise hat die Meise
sich ein neues Nest gebaut.
Die Meisen-Kinder bauen pantomimisch ihr Nest.

Refrain
Immer wieder kommt ein neuer Frühling …
Beim Refrain „fliegen" bzw. gehen die Meisen-Kinder zum Rhythmus der Melodie in Richtung Kreismitte und bleiben dort stehen.

4. Auch die Schlange freut sich lange
schon auf ihre neue Haut.
Die Schlangen-Kinder ziehen ihr zusätzliches T-Shirt aus und legen es zur Seite.

Refrain
Immer wieder kommt ein neuer Frühling …
Beim Refrain legen sich die Schlangen-Kinder auf den Boden, um sich seitwärts rollend in Richtung Kreismitte zu bewegen. Dort angekommen, stehen sie auf und bleiben stehen.

5. Und die Sonne strahlt voll Wonne,
denn der Winter ist vorbei.
Die Sonnen-Kinder strecken ihre Arme in die Luft und führen sie dann seitlich zum Körper.

Refrain
Immer wieder kommt ein neuer Frühling …
Die Sonnen-Kinder gehen mit gestreckten Armen um die Krokus-, Häschen-, Meisen- und Schlange-Gruppe herum.

Zwischenteil
Musste sich geschlagen geben,
ringsherum will alles leben.
Farbenpracht aus Schnee und Eis,
so schließt sich der Lebenskreis.
Während die Sonnen-Gruppe um die Gruppen im Innenkreis herumgeht, geben die übrigen Kinder und Eltern, die im Außenkreis stehen, sich gegenseitig die Hände, um den Jahreskreis zu schließen. Danach lassen sie sich los und singen den Refrain.

Refrain
Immer wieder kommt ein neuer Frühling …
Alle, die im Außenkreis stehen, tippen am Platz abwechselnd mit den Fußspitzen in Richtung Kreismitte auf den Boden. Die Kinder, die in der Kreismitte sind, tippen am Platz mit den Fußspitzen in Richtung Außenkreis auf den Boden.

Spielideen für das Fest

Den Frühling sehen, hören und spüren

Während Kinder und Eltern sich dem Büfett widmen, bauen sechs bis acht HelferInnen gemeinsam mit dem Team bis zu acht „Frühlings"-Stationen im Garten oder in ein bis zwei Räumen auf, bei denen die Kinder dem Frühling ein Stück weit auf die Spur kommen. Die Aufgaben der einzelnen Stationen können die Kinder entweder allein oder mit Hilfe von ein bis zwei Erwachsenen, die für ihre Station zuständig sind, bewältigen.

Material: Locher, Kordel, pro Kind 1 Spielkarte aus rundem Faltpapier (Ø 18 cm) in einer Frühlingsfarbe; pro Station 1 Stempel, 1 Stempelkissen, kopierte Malvorlagen

Vorbereitung: mit dem Locher zwei Löcher in die einzelnen Faltpapiere stanzen, eine Kordel durchziehen und zum Umhängen verknoten

Jedes Kind, das die Spielstationen besucht, erhält eine Spielkarte zum Abstempeln an den jeweiligen Stationen. Haben die Kinder sämtliche Stempel erhalten bzw. alle Stationen ausprobiert, dürfen sie sich zur Belohnung eine kopierte Malvorlage (s. S. 81) zum Ausmalen aussuchen.

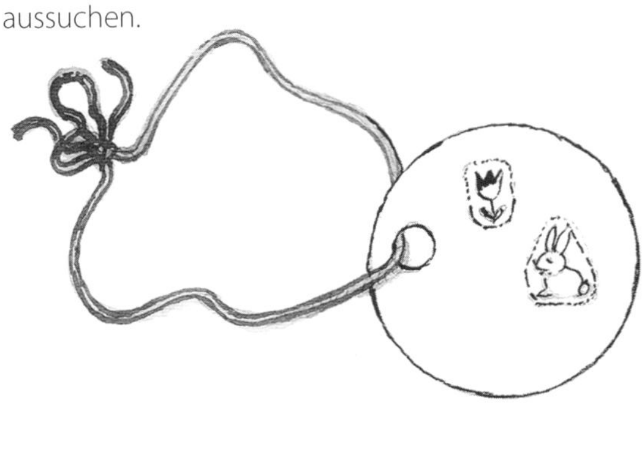

Frühlingsschminken

Das Kinderschminken ist immer eine besondere Attraktion auf jedem Fest. Dabei müssen die Gesichter keinesfalls professionell geschminkt werden.

Material: Schminkfarbe, Bildmotive passend zum Frühling (z. B. Schmetterling, Marienkäfer, Gänseblümchen, Krokus oder Tulpe)

Einfache Motive wie ein Schmetterling, ein Marienkäfer, ein Gänseblümchen, ein Krokus oder eine Tulpe, die auf das Erwachen der Natur hinweisen, können bereits ältere Kinder relativ schnell einem anderen Kind auf das Gesicht zaubern. Bevor ein Kind geschminkt wird, darf es sich ein Bildmotiv oder eine Blume aussuchen, die als Vorlage dienen und ausgebreitet auf einem Tisch liegen.

Frühlingsstrauß-Bild

Relativ schnell und mit etwas Fingerspitzengefühl können die Kinder ein sehr kunstvolles Frühlingsstrauß-Bild gestalten.

Material: gepresste Frühlingsblumen, Klebstoff, Wachsmalkreide, weißes Malpapier
Vorbereitung: auf das weiße Malpapier jeweils den Umriss einer Blumenvase zeichnen

Auf einen Tisch gepresste Blumen, Klebstoff und weißes Malpapier mit den gezeichneten Umrissen der Vasen legen. Kinder, die keine Vorlage brauchen, bekommen weißes Malpapier, auf das sie ihre Blumenvase malen. Die Kinder malen die Vase nach Belieben an und füllen sie, indem sie einen Strauß aus gepressten Blumen zusammenstellen und diesen in die Vase auf das Blatt kleben.

Ein Vogelnest basteln

Ein eigenes Vogelnest aus Naturmaterialien gestalten macht die Kinder sensibel für das Werden und Wachsen in der Natur. Als schöne Erinnerung an das Frühlingsfest und die damit verbundenen Erlebnisse dürfen die Kinder ihr „Vogelnest" mit nach Hause nehmen.

Material: pro Kind 1 runde Käseschachtel ohne Deckel, kleine Naturmaterialien für den Nestbau, lufttrocknende, weiße ungiftige Modelliermasse (z. B. Efa-plast); evtl. ein echtes Vogelnest mit Eiern

Superleicht und schnell stellen bereits die Jüngsten ein Vogelnest her. Sie legen eine Käseschachtel mit typischen Naturmaterialien für den Nestbau wie Moos, Grashalme, Federn und getrocknete Blätter aus. Ist das weiche „Nest" fertig, nehmen sie ein kleines Stück Modelliermasse und formen daraus vier bis sechs Vogeleier, die sie zum „Ausbrüten" in das Nest legen.

Tipp

Zur Veranschaulichung empfiehlt es sich ein echtes Vogelnest mit vier bis sechs Eiern aus Plastik in die Mitte des Basteltisches zu legen.

Hokuspokus, wo steckt der Krokus?

„Hokuspokus, steckt der Krokus seine Nase schon ans Licht" heißt eine Zeile aus Rolfs Frühlings-Lied. Wer von den Kindern wird wohl als Erstes einen Frühlingsboten entdecken? Wache Augen und eine gute Reaktionsfähigkeit sind gefragt!

Material: 1 kleiner Stempel, 1 Stempelkissen, 4–6 Postkarten mit unterschiedlichen Motiven, eines der Kärtchen zeigt eine Frühjahrsblume (z. B. einen Krokus)

Die Postkarten verdeckt auf einen Tisch legen. Die Postkarte mit dem Krokus herumdrehen und den Kindern zeigen. Anschließend die Karten wieder verdeckt auf den Tisch legen.
Jetzt sollten alle Kinder, die um den Tisch herumstehen, gut aufpassen, denn die einzelnen Kärtchen werden rasch in die Luft gehalten, so dass sie nur kurz das jeweilige Motiv sehen können. Anschließend die einzelnen Karten wieder verdeckt an einem anderen Platz auf den Tisch legen. Erst wenn alle Postkarten liegen, deuten die Kinder auf die Karte, auf der sie den Krokus vermuten. Zur Kontrolle werden alle anderen Postkarten umgedreht, so dass sämtliche Motive sichtbar sind. Die Kinder, die auf die richtige Postkarte gezeigt haben, erhalten einen Stempel auf ihre Spielkarte. Die anderen dürfen es noch ein weiteres Mal versuchen.

Kuckuckseier ins Nest werfen

Den Kuckuck können wir eher hören als sehen. Viele Kinder wissen nicht, dass der Kuckuck sein Ei in ein fremdes Nest zum Ausbrüten legt. Das erfahren sie hier.

Material: 1 Stempel, 1 Stempelkissen, Eier aus Plastik, 1 Gymnastikreifen, Moos, Zweige, Wurzeln, Grashalme, getrocknete Blätter

Vorbereitung

In dem Gymnastikreifen ein großes Vogelnest aus unterschiedlichen Naturmaterialien gestalten und an einer freien Stelle platzieren. Auf dem Boden ein Seil als Wurflinie im Abstand von 1 m vom Nest entfernt auslegen, daran entlang die Eier legen.

Die Kinder stellen sich nebeneinander an der Wurflinie auf. Die Erzieherin erzählt ihnen vom Kuckuck, der weder für den Nestbau noch für sein bald schlüpfendes Küken sorgen möchte und sein Ei in ein fremdes Nest zum Ausbrüten legt. Heute übernehmen die Kinder die Rolle des Kuckucks.
Ohne den Platz zu verlassen, darf nun der erste „Kuckuck" ein Ei in das vor ihm liegende Nest bzw. den Gymnastikreifen werfen. Landet das „Kuckucksei" im „Gastnest", erhält das Kind einen Stempel. Ansonsten darf es noch einmal sein Glück versuchen. Auch nach drei Fehlversuchen sollte das Kind für seine Bemühungen einen Stempel bekommen.

Igelball-Hindernislauf

Im Frühjahr erwacht der Igel aus seinem Winterschlaf. Wach sind auch die „kleinen geschickten Igel" bei diesem Spiel, die sich blitzschnell auf den Weg zu einem köstlich schmeckenden Apfelschnitz machen.

Material: 1 Stempel, 1 Stempelkissen, 1 Seil, 4–5 Markierungskegel, 1 kleiner Igelball (Massageball mit „Stacheln"), 1 Stuhl, 1 Schüssel mit Apfelschnitzen

Vorbereitung

Auf dem Boden ein Seil als Startlinie auslegen. Vor der Startlinie 4–5 Markierungskegel hintereinander platzieren, so dass die Kinder zwischen den einzelnen Markierungskegeln gut im Slalom gehen können. An das Ende der Kegelreihe einen Stuhl stellen. Darauf eine Schüssel mit Apfelschnitzen platzieren.

Das Kind, das direkt vor der Startlinie steht, erhält einen Igelball, den es mit einem Fuß fortbewegt. Es darf nun den aus dem Winterschlaf erwachten „Igel" im Slalom um die einzelnen Kegel herumführen. Wer möchte, kann für diese Aufgabe seine Schuhe ausziehen. Am Stuhl angekommen, nimmt sich das Kind einen Apfelschnitz, den natürlich auch ein Igel gerne verspeist. Außerdem erhält das Kind einen Stempel.

Auf Entdeckungsreise

Welche Dinge können wir im Frühling entdecken und welche nicht? Das finden die Kinder, die sich auf das Rollbrett knien und unterschiedliche Sachen innerhalb der Spielstation erkunden, gleich selbst heraus.

Material: 1 Stempel, 1 Stempelkissen, 1 Glocke, 1 Rollbrett, unterschiedliche Gegenstände, z. B. 1 Blume, 1 Papierschmetterling, 1 Badehose, 1 Papierdrachen, 1 Weihnachtsstern, 1 Winterstiefel, unterschiedliche Stofftiere, z. B. 1 Hase und 1 Igel

Ein überschaubares Spielfeld anlegen und dessen Ecken mit jeweils einem Markierungskegel kennzeichnen.
In dieses Spielfeld unterschiedliche Dinge legen, die zum Frühling gehören oder auch nicht.
Ein Kind kniet sich auf das Rollbrett und geht auf Entdeckungsreise, indem es mit den Händen das Rollbrett anschubst. Glaubt das Kind etwas Passendes zum Frühling gefunden zu haben, nimmt es den betreffenden Gegenstand weg und transportiert ihn auf seinem Rollbrett. Hat das Kind insgesamt drei Dinge eingesammelt, darf es diese der Spielleitung übergeben. Bei jedem richtigen Gegenstand lässt die Spielleitung einmal die Glocke erklingen.
Als Belohnung bekommt das Kind einen Stempel.

Vögelein, Vögelein tanz mit mir

Nr. 9 – Musik und Text: Rolf Zuckowski

Das Fest klingt aus

Bevor das Fest zu Ende geht, singen und tanzen alle noch einmal miteinander. Dazu bietet sich das Lied „Vögelein, Vögelein tanz mit mir" aus Rolfs „Vogelhochzeit" an.

Frühlingstanz der Vögel

Material: CD Nr. 9 „Vögelein, Vögelein tanz mit mir", pro Person 4–6 Krepppapierstreifen

Eltern und Kinder bilden Paare und binden sich jeweils 4–6 Krepppapierstreifen wie Flügel um ihre Arme. Alle zusammen bilden einen Kreis.

1. Vögelein, Vögelein, tanz mit mir!
Immer noch einmal im Kreis.
Vögelein, Vögelein, glaube mir,
bald ist uns beiden ganz heiß!

Jeweils ein Kind fordert seinen Partner, der rechts neben ihm steht, zum Tanzen auf. Dabei werden die Arme überkreuzt und die Hände angefasst. Zum Rhythmus der Musik tanzen die einzelnen Paare so lange, bis das gesungene „La,la,la… !" beendet ist. Die Paare bleiben nebeneinander im Kreis stehen.

Refrain
La la la la la la …
Nach dem letzten „La" erfolgen auf der CD rhythmische Klatscher, zu denen alle Kinder und Eltern in die Luft springen.

2. Vögelein, Vögelein, tanz mit mir,
immer noch einmal herum.
Vögelein, Vögelein, glaube mir:
Irgendwann fallen wir um!
s. o.

Refrain
La la la …
s. o.

3. Vögelein, Vögelein, tanz mit mir,
immer noch einmal ums Licht.
Vögelein, Vögelein glaube mir:
Heute Nacht schlafen wir nicht!
s. o.

Refrain
La la la …
s. o.

Jetzt kommt die Osterzeit

Ein Osterhasenschulfest für die ganze Familie

Von „Stups", dem kleinen Osterhasen und den Hasenkindern aus „Rolfs Hasengeschichte" wissen wir, dass sowohl junge als auch ältere Häschen alljährlich wieder die Osterhasenschule besuchen, um ihre Kenntnisse im Werken und Basteln, im Ostereier bemalen und verstecken zu erweitern und ihre Hasenbeine zu trainieren. Die Kinder laden mit Hilfe der ErzieherInnen bzw. LehrerInnen ihre Eltern ein, gemeinsam ein paar Stunden in der Osterhasenschule zu verbringen. Möglicherweise bietet sich hier auch einmal ein Vormittag für das Fest an.

Das christliche Osterfest hat nicht wie das Weihnachtsfest die Adventszeit, in der die Wartezeit für die Kinder eine wichtige Rolle spielt und z. B. mit einem Adventskalender liebevoll gestaltet wird. Dafür aber darf die Freude, die wir nach dem Karfreitag über die Auferstehung Jesu mit dem Osterfest feiern, mindestens bis Himmelfahrt anhalten. Somit kann ein Osterfest im Kindergarten also auch gern noch nach den Osterfeiertagen bzw. den Osterferien stattfinden.

Vor dem Fest

Erster Schultag in der Osterhasenschule

Die Osterhasenschule gibt bekannt,
dass Herr und Frau .... (Familienname des Kindes) sowie .... (Name des/der Kinder)
am ....
zum Unterricht eingeladen werden.

Der erste Schultag beginnt pünktlich um 9.00 Uhr.
in der Osterhasenschule mit einer kurzen Einschulungsfeier in ....
er dauert fünf Hasenschulstunden und endet voraussichtlich gegen .... Uhr.

Wir freuen uns auf unsere neuen HasenschülerInnen!
Die Hasenschuldirektorin ...., ihre HasenlehrerInnen ....
und Assistenten .... (Name des Kindes).

Bitte für die Pausen einen gesunden Pausensnack und Getränke mitbringen!

Die untenstehende Anmeldung bitte ausfüllen und bis ...... einer Hasenlehrerin zurückgeben.

An die Hasenschuldirektorin!

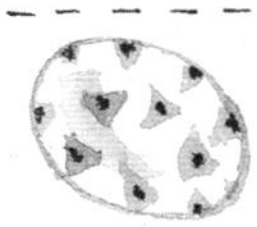

Wir kommen am 1. Osterhasenschultag mit ..... Erwachsenen und ..... Kindern.

Familie ....

Einladung zum Osterhasenschulfest

Ob Osterhasen ihren ersten Schultag auch mit einer Schultüte feiern? Wir wissen es nicht. Wir verstecken jedenfalls die Einladung zu diesem Festtag in einer Schultüte, um so alle Familien neugierig zu machen.

Material: Fotokarton oder Pappe, Ostergeschenkpapier, Krepppapier, Schleifenband, Malstifte, Klebstoff, Tacker, Kopien des Einladungstextes (s. S. 90)

Aus Fotokarton eine kreisrunde Scheibe im Durchmesser von ca. 20 cm ausschneiden.
Die Scheibe vierteln.
Ein Viertel zu einer Tüte rollen und die beiden geraden Seitenteile aufeinander kleben bzw. klammern.
Den oberen Rand gerade schneiden und um die Öffnung eine Krepppapiermanschette kleben.
Den kopierten Einladungstext mit den jeweiligen Namen versehen und in die Tüte stecken.
Die Schultüte mit dem Band zubinden.

Variante

Den Einladungstext wie ein amtliches Schreiben einfach auf weißes Papier kopieren und lediglich ein Osterhasenschulmotiv aufmalen oder -kleben

Dekoration der Osterhasenschule

Schon beim Betreten des Gebäudes sollen die Gäste ins Staunen kommen und sich ins Hasenland versetzt fühlen. Ein Banner hängt über der Eingangstür, Moos-, Gras- und Blumendekorationen verschönern den Eingang und eine Tafel mit dem Stundenplan informiert alle Ankommenden über den Ablauf des 1. Schultages.

Material: alte Tapete oder Stoff, Malfarben für das Banner, Naturmaterialien und Frühlingsblumen, große Tafel mit Kreide oder Plakatwand und Farben bzw. dicke Filzstifte, eine Schulglocke

- ✦ Für das Eingangsbanner die Tapete/den Stoff mit dem Schriftzug „Osterhasenschule" bemalen und verzieren.
- ✦ Den Eingangsbereich österlich dekorieren.
- ✦ Die Schulglocke an einer besonderen Stelle platzieren.
- ✦ Tafel/Plakat mit dem Stundenplan für den 1. Schultag aufstellen.

Stundenplan

Zeit	Klasse 1	Klasse 2	Klasse 3	Klasse 4
ca. 9:30 Uhr–10:00 Uhr	*Gemeinsame Einschulungsfeier*			
1. Stunde (ca. 10:00–10:30 Uhr)	Ostermalerei	Osterspiele	Osterbastelei	Hasen-Hüpf-Training
2. Stunde (ca. 10:30–11:00 Uhr)	Hasen-Hüpf-Training	Ostermalerei	Osterspiele	Osterbastelei
Pause	*Picknick auf der Osterwiese*			
3. Stunde (ca. 11:30–12:00 Uhr)	Osterbastelei	Hasen-Hüpf-Training	Ostermalerei	Osterspiele
4. Stunde (ca. 12:00–12:30 Uhr)	Osterspiele	Osterbastelei	Hasen-Hüpf-Training	Ostermalerei
5. Stunde (ca. 12:30–13:00 Uhr)	*Großes Osterhasentheater mit Stups*			

Osterhasen-Schuluniform

Wenn sich das Team mit Hasenohren lustig verkleidet, wird es zum Vorbild. Den erwachsenen Osterhasenschülern gelingt das Eintauchen in die Kinderwelt zur großen Freude der kleinen Hasen im Laufe des Tages immer besser.

Material: brauner Fotokarton, Tacker, Klammern, Klebeband; evtl. Kostüm bzw. Anzug, Brille

Aus dem braunen Fotokarton je zwei lange Hasenlöffel und ein Stirnband (ca. 4 cm breit) ausschneiden. Die Pappohren an dem Stirnband festheften. Das Stirnband erst während der Veranstaltung individuell zusammenkleben oder heften.

Variante

Die Rektorin und die LehrerInnen tragen Kostüm oder Anzug und eine Brille, eben „typische" LehrerInnenkleidung, zu ihren Hasenohren.

Vorbereitung der Schulstunden

Schablone für die Osterbastelei und Requisiten

Material: 20–30 cm lange Stäbe, Zweige oder alternativ Strohhalme, doppelseitiges Klebeband, Fotokarton, Bastelpapier

1. Schablonen für die Stabpuppen anfertigen (s. S. 98/99)
2. Je ein Requisit am Stab herstellen:
   - für Fräulein Meiers Fuß 1 Riesenpappschuh, so groß, dass Stups das Osterei dahinter verstecken kann
   - 1 Osterei
   - 1 Rührei
   - 1 Stuhl
   - 1 Pinsel
   - 1 Farbentopf

Zeugnisvorbereitung

Was wäre ein Schulbesuch ohne Abschluss? Selbstverständlich erhalten alle Hasenschüler, egal ob jung oder alt, am Ende des Festes ein richtiges Zeugnis.

Material: pro Hasenfamilie (oder Schüler) ein Zeugnis (s. S. 107), bunte Pappe, Kopien des Zeugnistextes, Klebstoff, Schere, evtl. Geschenkband und Locher, evtl. Aufkleber mit Ostermotiven

Aus der bunten Pappe ca. 20 cm große Eier (DIN A5) als Zeugnisrahmen ausschneiden. Den Zeugnistext kopieren, ebenfalls eiförmig ausschneiden (etwas kleiner als die Pappeier) und auf das farbige Ei kleben. Das Ei eventuell mit Ostermotiven bekleben. Die Familiennamen und Bemerkungen eintragen. Das Ganze oben lochen und ein Band durchziehen.

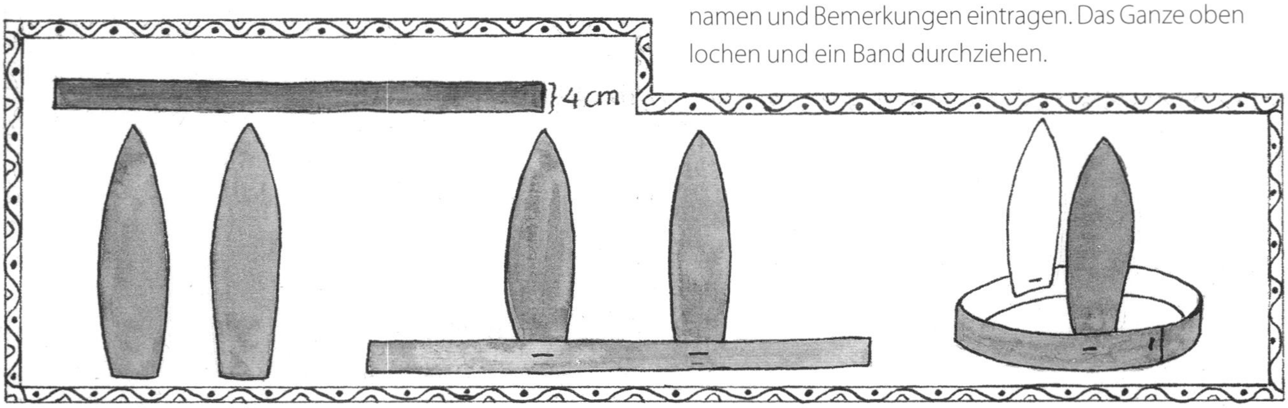

Jetzt kommt die Osterzeit

Nr. 7 – Musik und Text: Rolf Zuckowski

Spielideen für das Fest

Einschulungsfeier

Material: CD Nr. 7 „Jetzt kommt die Osterzeit", Osterhasenschuluniform (s. S. 92), Schulglocke

Es ist soweit, um 9:00 Uhr öffnet sich die große Tür zur Osterhasenschule und gleich zwei Überraschungen warten auf die neuen SchülerInnen.
Die Hasenschuldirektorin und ihre LehrerInnen in ihrer schönsten (Ver-)Kleidung begrüßen alle Gäste persönlich. Der Stundenplan der Osterhasenschule hängt für alle sichtbar im Eingangsbereich. Je nach Anzahl der Gäste erleben die Familien die Schulstunden gemeinsam oder parallel in mehreren Kleingruppen.
Pünktlich um 9:30 Uhr ertönt die Schulglocke und alle Osterhasenschüler versammeln sich im größten Raum oder im Freien zur Morgenbegrüßung. Die Hasenschülerfamilien stellen sich im Halbkreis auf, die Direktorin begrüßt alle herzlich und stimmt das erste Lied live oder mit Hilfe der CD an.
Die übrigen HasenschullehrerInnen singen sofort mit und laufen aufgeregt in den Kreis hinein. An der Stelle „... alle Hasen machen sich bereit" verstummen sie plötzlich: „Es sind ja noch gar nicht alle bereit," bemerkt eine der PädagogInnen, „sie haben ja noch gar keine Hasenohren!" An dieser Stelle die Musik mit der Pausentaste unterbrechen. Daraufhin verteilen die LehrerInnen die Osterhasen-Schuluniformen für die Anwesenden und heften sie mit mehreren Heftern und der Unterstützung der Haseneltern zusammen. Sind alle Schüler mit Hasenohren ausgestattet, lernen sie ihr erstes Osterlied.

Begrüßungstanz in der Osterhasenschule

Material: CD Nr. 7 „Jetzt kommt die Osterzeit"

Alle Hasen stellen sich in einem großen Kreis auf, die Hasenkinder mit dem Rücken zur Mitte, die Eltern schauen ihre Kinder an. Das Lied wird durch Musikpausen unterbrochen, in denen die Hasenlehrer die Bewegungen erklären oder vormachen.

Refrain

Jetzt kommt die Osterzeit.
Alle wackeln mit dem Kopf und den Hasenohren.
Alle Hasen machen sich bereit.
Alle laufen auf der Stelle.
Alle Jahre wieder
Alle wackeln wieder mit den Hasenohren.
erklingen unsre Osterlieder.
Alle laufen auf der Stelle.
Jetzt kommt die Osterzeit.
Alle Hasen machen sich bereit.
Alle Hasenkinder haken ihre Eltern ein und hüpfen und tanzen im Kreis herum.
Und im Sonnenlicht
ist jeder Tag wie ein Gedicht.
Richtungswechsel

1. Vom Ostereiermalen
und von der Farbenpracht,
die aus dem trüben Wintergrau
den neuen Frühling macht.
Die Haseneltern (oder der Partner) hocken sich hin und das Hasenkind malt während der gesamten Strophe mit dem Finger auf dem Rücken wunderschöne Fantasieostereier.
Vom Frühlingskinderlachen,
das aus den Fenstern klingt
und in die Häuser ringsherum
das helle Leben bringt.

Refrain

Jetzt kommt die Osterzeit …
s. o.

2. Vom Laufen und vom Spielen
und vom Spazierengehn,
Die Hasenfamilien fassen sich an und gehen durcheinander auf der Spielfläche spazieren.
von Bienen, die nach langer Zeit
die ersten Blüten sehn.
Alle bleiben stehen.
Vom Huhn, das brav und fleißig
die Eier legen muss,
Die Kinder legen pantomimisch Eier, gehen z. B. mit dem Po wackelnd in die Hocke.
von frisch verliebten Pärchen
und vom allerersten Kuss.
Die Familien geben sich einen Kuss bzw. einen Handkuss.

Refrain

Jetzt kommt die Osterzeit …
s. o.

Fröhlich und bewegt bittet die Hasenschuldirektorin alle darum, sich wieder im Halbkreis aufzustellen und prüft die Anwesenheit der Familien. Anschließend werden je nach Vorplanung die Klassen eingeteilt, wird der Stundenplan vorgestellt oder die nächste Aktivität angekündigt.

Ostermalerei – 1. Schulstunde

Hier wird der Pinsel geschwungen und immer wieder in neue Farben getaucht. Am Ende entsteht eine Theaterkulisse für das große Osterhasentheater in der 5. Schulstunde, das alle gemeinsam aufführen, und viele bunte Ostereier.

Material: 2 große Leintücher oder Papiermalwände, Malfarben, ausgepustete Ostereier oder Eier aus anderen Materialien (z. B. aus Pappe, Holz, Styropor, Gips oder durchsichtigem Kunststoff) in ausreichender Anzahl

Theaterkulisse

Für die Theaterkulisse bereiten die Schüler die Leintücher vor, die in dieser Schulstunde mit einer Frühlingswiese bemalt werden. Eine Wiese mit Himmel und Sonne dient als Hintergrund und eine Wiese oder ein Blumenbeet als Bühnenvorderkante. Vor der 5. Schulstunde werden die Kulissen an dem vorbereiteten Platz befestigt (s. S. 103).

Ostereier

Die Schüler malen Ostereier an und verzieren sie mit verschiedenen Motiven. Dabei helfen die Eltern ihren jungen Hasenkindern nur wenn nötig. Die fertigen Eier dürfen die Hasenkinder an verschiedenen Stellen im Haus dekorieren und nach dem Fest mit nach Hause nehmen.

Hasen-Hüpf-Training – 2. Schulstunde

Die Schüler trainieren hier ganz besonders ihre Beweglichkeit, Geschicklichkeit und zum Eierverstecken ihre Vorder- und Hinterbeine. Die Hasenschullehrerin wählt je nach den Vorerfahrungen der Kinder im Seilspringen die Aufgaben aus. In den Beispielen werden leichte und schwierigere Übungen gemixt, denn es macht den Hasenkindern bestimmt auch Spaß zuzuschauen, wenn die Haseneltern ihre Sprungkünste mit einem Seil oder am langen Tau vorführen.

Material: Springseile (mind. 1 Seil pro 2 Schüler) und ein oder mehrere ca. 4–6 m lange Springseile, CD Lied Nr. 7 „Jetzt kommt die Osterzeit" und/oder Lied Nr. 8 „Stups der kleine Osterhase".

Auf einer Fläche verteilt mehrere Seile lang auf den Boden legen. Die Hasenschullehrerin gibt den kleinen und großen Hasen nacheinander verschiedene Bewegungsaufgaben. Immer wenn Musik spielt, üben sie diese, stoppt die Musik, bleiben alle stehen und lauschen der neuen Aufgabe, die die Lehrerin stellt.

Teil 1: Um die Hinterläufe der Häschen zu erwärmen, sagt die Lehrerin z. B.:

- Lauft über die Seile ohne sie zu berühren.
- Hüpft im Galopp um die Seile herum, ohne eines zu überspringen.
- Lauft im Raum umher und springt mit geschlossenen Beinen über die Seile.
- Versucht mit einem Bein über die Seile zu hinken. Wechselt dabei die Beine ab.
- Könnt ihr auch rückwärts durch den Raum gehen und über die Seile hüpfen?
- Stellt euch an ein Seilende und hüpft mit geschlossenen Füßen im Zickzack über das Seil bis an das andere Seilende.

Teil 2: Damit auch die Vorderläufe fit werden, sagt die Lehrerin z. B.:

- Stellt euch vor das Seil, setzt die Hände auf der anderen Seite des Seils auf

den Boden und versucht mit beiden Beinen hinterher zu hüpfen (Stützhocke).

- Schafft ihr das auch mehrmals seitwärts von einem Seilende zum anderen (Hockwende)?
- Welches Paar schafft folgende Hasenübung? Jeder hockt auf allen Vieren an einem Seilende, nun gehen oder hüpfen beide aufeinander zu und der kleinere kriecht unter dem größeren Hasen unten durch.

Teil 3: Alle Hasen üben das Haken schlagen

- Die alten Hasen (Eltern) nehmen sich paarweise ein Seil, halten es jeweils an einer Hand zwischen sich so dass es ein wenig über dem Boden schwebt und gehen damit auf der Spielfläche spazieren. Die anderen Hasen stehen oder hocken an ihrem Platz bereit. Sobald das Seil in ihre Nähe kommt, hüpfen sie hinüber. Danach evtl. Rollentausch.
- Die alten Hasenpaare stellen sich so auf, dass sie niemanden behindern und schwingen ihre Seile zwischen sich leicht hin und her. Die Hasenkinder machen sich nun auf den Weg und springen über die schaukelnden Seile.
- Die alten Hasen zeigen ihren Kindern einmal, dass sie auch Seilspringen können. Danach versucht jedes Häschen ebenfalls einen schönen Seilbogen über den Kopf zu schlagen und hinüber zu steigen oder zu springen.

Um das Seil in der Länge richtig einzustellen, einen Fuß in die Seilmitte stellen und die Seilenden bis unter die Achselhöhle ziehen, die restlichen Enden über die Hand wickeln und mit Klebeband zusammenkleben. Die Kinder fassen das Seil ganz normal an und lassen die Seilknäule einfach beim kleinen Finger aus der Faust heraushängen.

Teil 4: Das große Hasenhüpfspiel

Dieses kann sowohl zu dritt an einem einfachen Seil oder mit mehreren an einem langen Seil gespielt werden.

Zur Melodie von „Häschen in der Grube" den folgenden Text singen (oder sprechen):
„Häschen auf der Wiese
sitzt und träumt, sitzt und träumt.
Hallo, Häschen, pass schön auf,
gleich geht's rund in vollem Lauf ..." (2 x)
Das Häschen hockt oder steht in der Mitte des Seiles und träumt. Die anderen halten das Seil und stehen still.
„Häschen hüpf, Häschen hüpf, Häschen hüpf."
Das Seil im Rhythmus hin und her schaukeln oder richtig durchschlagen. Das Häschen versucht, dreimal über das Seil zu hüpfen ohne hängenzubleiben.

Variante

Für ältere und geschicktere Hasenschüler zählen alle Umstehenden die Sprünge laut mit, bis das Häschen nicht mehr kann.

Picknick auf der Osterwiese – Pause

Ertönt nach dieser Schulstunde die Glocke, hat sich jeder eine Pause verdient. Alle freuen sich auf ihr mitgebrachtes Picknick und versammeln sich auf dem Pausenplatz.

Osterbastelei – 3. Schulstunde

Damit die letzte Schulstunde dieses Festes mit Stups, dem kleinen Osterhasen, als kleines Theaterspiel gelingt, basteln sich die Familien die Stabpuppen-Darsteller selbst. Die übrigen Requisiten für das Theater werden nur einmal benötigt.

Material: 20–30 cm lange Stäbe, Zweige oder Strohhalme, doppelseitiges Klebeband, Fotokarton, Bastelpapier, Requisiten (s. S. 92)

Stabpuppendarsteller nach den Schablonen (ca. 10–15 cm groß) von den folgenden Figuren anfertigen:

- Stups, der kleinen Osterhase
- Paps, der Hasenvater mit erhobenem Zeigefinger
- die Henne Tante Berta
- Fräulein Meier
- der Hasenlehrer (evtl. mit Brille)

Alle Hasenschüler gehen an die vorbereiteten Basteltische und stellen mit Hilfe der Schablonen Stabpuppen (s. S. 99) her. Für jede Familie sollte es möglichst am Ende der Stunde mindestens einen Stups, den Hasenvater, die Henne Berta, ein Ei und evtl. zusätzlich noch einen Hasenschullehrer geben.
Die Stabpuppen dürfen am Ende des Festes mit nach Hause genommen werden, um damit weiter zu spielen oder den einen oder anderen Blumentopf zu schmücken.

Osterspiele – 4. Schulstunde

In allen Osterspielen, die auf den folgenden Seiten vorgestellt werden, kommen bunte Plastikeier zum Einsatz. Einige Spielideen lassen sich aber auch in traditioneller Weise mit hartgekochten, gefärbten Eiern spielen. Aus einem bunten Katalog mit Osterspielen wählt die zuständige Hasenschullehrerin einige für ihre Stunde aus.

Material: 1 Korb, viele bunte Plastik-Ostereier (pro MitspielerIn mind. 1 Ei), zur Ergänzung eignen sich auch die gelben Eiern aus dem Überraschungs-Ei
Vorbereitung: Je nach Spielauswahl die nötigen Zusatzmaterialien bereit legen.

Wer hat das Ei gelegt?

Gute Ohren brauchen die Hasenschüler bei diesem Spiel und nebenbei wird ihre Aufmerksamkeit geschult.

Material: CD Nr. 7 „Jetzt kommt die Osterzeit" (s. S. 93) oder Nr. 8 „Stups, der kleine Osterhase" (s. S. 104), 4–5 Plastik-Ostereier (ohne Band), evtl. 1 pro Farbe

Die Spielgruppe in zwei Hälften teilen, z. B. Eltern und Kinder. Die eine Gruppe, die Hasen, die ihre Ohren spitzen und ihre Augen aufhalten sollen, stellt sich in einem großen Kreis auf.
Die andere Gruppe sind die Hennen, die für dieses Spiel ihre Hasenohren abnehmen. Die Hennen stolzieren in der Kreismitte umher. Einige von ihnen haben heimlich von der Hasenlehrerin ein Ei bekommen und dieses am Körper versteckt, z. B. in der Achselhöhle.
Zur Musik gehen die Hasen im Uhrzeigersinn im Kreis herum. Die Hennen stolzieren kreuz und quer durch die Mitte. Wenn die Musik stoppt, bleiben alle stehen. Die Hennen legen vor Schreck ihre Eier und lassen sie fallen, während alle anderen versuchen, die Eierlegehennen zu erkennen und ihre Namen zu rufen. Während der folgenden Musik verteilt die Hasenlehrerin die Eier heimlich neu und das Spiel beginnt von vorn.

Variante

Die Henne, die erwischt wird, setzt ihre Hasenohren auf und spielt als Ratehase weiter. Es wird so lange gespielt, bis nur noch zwei Hennen im Rennen sind.

Stups
Paps
der Hasenlehrer
Fräulein Meier
Tante Berta

Bewegungsgeschichte vom Eiersalat

Was für ein Theater in den Hasenfamilien! Ostern ist nicht mehr weit und der Eiersalat ist noch nicht fertig. Da müssen sich alle Familienmitglieder sputen und fleißig mithelfen.

Material: viele Plastik-Ostereier im Korb, 1 Schüssel, pro Hasenfamilie 1 Esslöffel

Vorbereitung

Die Spielgruppe in mehrere Hasenfamilien aufteilen. Jeder Spieler übernimmt die Rolle eines Familienmitglieds. So sollte in jeder Familie mindestens ein Hasenkind und eine Hasenmutter sein, darüber hinaus können ein Hasenvater, die Henne Berta, Hasenoma und -opa sowie weitere Kinder oder Verwandte mitspielen.

Die Hasenlehrerin überprüft die Familien bevor das Spiel beginnt.

Den Eierkorb in einige Entfernung (ca. 6 m) von der ganzen Gruppe und eine Schüssel nochmals einige Meter weiter entfernt in die „Gemeinschaftsküche" aller Hasenfamilien stellen.

1. Spielidee (leichte Fassung ohne Esslöffel)

Die Familien stellen sich dicht beieinander hinter eine Linie oder entlang einer Wand.

Die Lehrerin erklärt, dass alle gut die Ohren spitzen und genau lauschen müssen. Immer, wenn sie in der folgenden Geschichte ihren Namen (Hasenkind, Hasenmutter etc.) hören, laufen sie einmal um den Eierkorb herum und wieder auf ihren Platz zurück. Erzählt die Lehrerin von der „ganzen Hasenfamilie" laufen alle. Erklingt das Wort „Eiersalat", holen sich alle ein Ei und legen es in die Schüssel.

Die Geschichte wird lebendig durch die Fantasie der Lehrerin und soll möglichst alle Mitspieler gleichmäßig oft bewegen. Hier eine Idee für den Anfang:

Am Ostersonntag sitzt die Hasenmama *(Mama läuft los …)* mit ihrem Hasenkind *(… läuft hinterher …)* am Tisch und überlegt, was es zu Essen geben könnte. Im gleichen Moment hören sie draußen die Henne Berta *(… läuft los …)* laut gackern und sie haben eine Idee. Schnell wecken sie ihre ganze Familie … *(Pause bis alle wieder angekommen sind)*. „Wisst ihr was," verkündet das Hasenkind„ … wir machen heute Eiersalat." Die Hasenoma … geht schon einmal in die Küche, während der Hasenvater … nach der Henne Berta … Ausschau hält. Der Hasenvater … kommt zurück und erzählt der Hasenmama … und seinem Kind …, dass Berta … bisher nur ein Ei gelegt hat und das würde für einen Eiersalat … absolut nicht reichen. usw., usw. …

Ob der Eiersalat auf eurem Fest fertig wird?

2. Spielidee

Die Familien stellen sich wieder dicht beieinander hinter eine Linie oder entlang einer Wand. Die Hasenlehrerin legt den Familienesslöffel direkt vor sie.
Die Familien verabreden, dass sich jedes Familienmitglied anders bewegt, das Hasenkind hüpft auf allen Vieren, die Haseneltern laufen, die Hasengroßeltern gehen langsam, die Henne Berta flattert aufgeregt.
Wieder wird eine Geschichte erzählt.
Wer vor oder hinter seinem Namen das Wort „Eiersalat" hört, greift den Löffel, läuft zum Korb, löffelt ein Ei heraus und trägt es zur Schüssel. Dabei ist es wichtig, dass beim Erzählen der Geschichte der Name und das Wort „Eiersalat" möglichst dicht aufeinander folgen.

Buntes Eiertreiben

In diesen Spielen testen die Hasenschüler ihre Schnelligkeit, üben die Reaktionsfähigkeit und schulen ihre Farbwahrnehmung. In einigen Klassen macht es besonderen Spaß, wenn die „alten Hasenschüler" gegen die Jüngeren wetteifern.

Material: CD Nr. 7 „Jetzt kommt die Osterzeit" (s. S. 93), viele Plastik-Ostereier, Eierpappen und/oder die durchsichtigen Paletten der Überraschungseier

Ein paar MitspielerInnen erhalten die Eierpappen und stellen sich an einen festen Platz im Raum.
Die Hasenlehrerin oder ein Hasenschüler hält den Korb voller Eier.

1. Spielidee

Sobald die Musik beginnt, bewegen sich alle auf der Spielfläche. Wenn die Musik stoppt, wird der Korb mit den Eiern plötzlich ausgekippt. Sofort beginnen alle, die Eier zu sammeln und in die Eierpappen zu legen oder vorsichtig zu werfen.
Sind alle Eier eingesammelt, beginnt die Musik von vorn. Alle gehen oder hüpfen auf der Fläche umher. Stoppt die Musik, leeren die Hasenschüler die Eierpappen erneut aus und das Spiel beginnt von vorn.

2. Spielidee

Das Spiel verläuft wie vorher, nur dass jetzt die Eierpappenträger sich auch im Raum bewegen (nicht laufen) dürfen und die Pappen hoch über dem Kopf, hinter ihrem Rücken oder zwischen den Beinen halten.

3. Spielidee

Das Spiel verläuft wie vorher, allerdings liegt in jeder Eierpappe schon ein Ei. Jetzt müssen die Sammler die Eier farblich passend hineinsortieren.

4. Spielidee

Das Spiel verläuft wie vorher, bei Musikstopp rufen die Eierpappenträger eine Farbe. Die Hasenschüler dürfen nur die Eier der entsprechenden Farbe in die Pappe legen bzw. vorsichtig werfen. Wird eine Farbe gar nicht gerufen, werden diese Eier in den Korb gelegt.

Eier raten

Was wären Osterhasen ohne Gedächtnis? Kein Menschenkind würde am Ostermorgen ein Osternest finden. Daher ist in diesem Spiel Gehirn-Jogging angesagt.

Material: CD Nr. 7 „Jetzt kommt die Osterzeit" (s. S. 93), 4–8 Eierpappen mit Deckel, bunte Plastik-Ostereier

Vier bis acht Haseneltern verstecken in ihren Eierpappen eine beliebige Anzahl und Farbkombination von Eiern, z. B. zwei rote, ein grünes und drei gelbe, fünf blaue und fünf pinkfarbene. Zur Musik gehen alle Mitspieler auf der Spielfläche kreuz und quer durcheinander. Ab und zu öffnen die Eltern ihre Eierpappen und zeigen möglichst vielen Schülern die Eier. Die Hasenschüler versuchen, sich den Inhalt zu merken. Wenn die Musik stoppt, bleiben die Eltern stehen und halten die Pappen geschlossen. Jeder darf nun hingehen und tippen wie viele und/oder welche Farbe die Eier in der Pappe haben. Wenn richtig geraten wurde, öffnet sich die Pappe, wenn nicht, bleibt sie geschlossen.
Sind alle Eierpappen offen, wechseln sie in andere Hände, werden neu gefüllt und das Spiel beginnt von vorn.

Wer wird Eier-Transport-König?

Wer kitzelig ist, wird es nicht leicht haben in diesem Spiel. Auch Lachen ist ausnahmsweise einmal gefährlich, denn dann wird es noch schwieriger die Eier am Körper festzuhalten.

Material: Plastik-Ostereier, 1 Startlinie, Markierungsfähnchen (z. B. DIN A5-Papier und Heringe für den Rasen)

Die Mitspieler gehen paarweise zusammen.

1. Spielidee

Das Kind, das Eier-König werden möchte, stellt sich an einen Platz. Sein Spielpartner holt Eier und versucht, möglichst viele am Körper des anderen „zu befestigen", z. B. unter dem Kinn, zwischen den Knien, in den Händen, in den Armbeugen, auf dem Kopf, der Nase, im Nacken usw. (nicht an den Gürtel hängen oder unter den Pulli bzw. in die Socken stecken). Ruft das Kind „Stopp", zählt die Gruppe bis 3. Ist kein Ei gefallen, werden die Eier gezählt und aufgeschrieben. Wer die meisten Eier am Körper „halten" konnte, ist Eier-König. Danach die Rollen tauschen.

2. Spielidee

Wie vorher die Eier am Körper verteilen, nun soll der Eiertransporteur noch eine möglichst weite Strecke vorwärts gehen, ohne dass ein Ei herunterfällt. An diese Stelle dann das Fähnchen mit der Anzahl der Eier in den Boden stecken. Wer wird am Ende der Eier-Transport-König sein?

Eier kullern

In einigen Gegenden sind traditionelle Spiele ein fester Programmpunkt des jährlichen Osterfestes in der Familie.

Material: Gegenstände für Stationen, z. B. Kindergartenstühle, Besenstiele oder dergleichen, die ungefähr gleich lang sind, je Spieler 1 anders farbiges Ei, 1 kleine Osternascherei; Blatt und Schreibzeug für Spielliste; evtl. Überraschungseier

Vorbereitung

Je nach Anzahl der Mitspieler eine oder mehrere Stationen (6–8 Spieler an einer Station) aufbauen: Die zwei Besenstiele dicht nebeneinander auf den Stuhl legen, die Stielenden liegen auf dem Boden bzw. Rasen, so dass eine „Kullerbahn" für die Eier entsteht.

1. Spielidee

Die Mitspieler einer Spielgruppe (6–8 Personen) stehen nebeneinander am Stuhl. Einer nach dem anderen nimmt sein Ei, legt es oben auf die Bahn und lässt es hinunterkullern. Dann stellt er sich in die Nähe seines Eies und beobachtet die anderen. Wem es gelingt, ein anderes Ei zu berühren, oder derjenige, dessen Ei am weitesten kullert, darf sich eine Nascherei nehmen und startet die folgende Runde.

2. Spielidee

Eine Spielliste aufschreiben mit z. B. 10 Spielrunden. Die Spieler erhalten für das Berühren eines anderen Eies jeweils 10 Punkte und für das am weitesten gerollte Ei 20 Punkte. Zum Schluss werden alle Punkte zusammengezählt. Wer die meisten Punkte hat, bekommt eine Belohnung.

3. Spielidee

Es wird mit Überraschungseiern gespielt. Derjenige, dessen Ei am weitesten gekullert ist, darf es behalten und scheidet aus.

Osterhasentheater – 5. Schulstunde

Zur 5. und letzten Hasenschulstunde versammeln sich alle kleinen und großen Hasen mit ihren gebastelten Stabpuppen (s. S. 98/99) vor der „Theaterbühne", denn mit dieser Spielaktion soll der Osterhasenschultag abschließen.

Material: CD Nr. 8 „Stups, der kleine Osterhase" (s. S. 104); die Bühnenkulisse, die in der 1. Schulstunde bemalt wurde; 2 Befestigungsmöglichkeiten für den Bühnenvordergrund, z. B. 2 Leitern; die Stabpuppen der 3. Schulstunde; evtl. Osterschmuck oder Blumen als Dekoration für die Leitern

Vorbereitung

Die Bühnenkulisse aufhängen. Die Bühnenvorderkante in einer Höhe so zwischen den zwei Leitern verspannen, dass die Kinder aufrecht spielend die Puppen oben über dem Kopf bewegen können und diese von vorn zu sehen sind. Die Erwachsenen spielen in der Hocke, im Knien oder Sitzen. Der Abstand zwischen Hintergrund und Bühnenvorderkante muss je nach den örtlichen Gegebenheiten und der Anzahl der Agierenden vorher geschätzt und ausprobiert werden.

Tipp

Bitte beachten, dass vor diesem „Theater" ausreichend Platz für die Zuschauer ist und die Lichtverhältnisse das Zuschauen möglich machen.

Stups, der kleine Osterhase

Nr. 8 – Musik und Text: Rolf Zuckowski

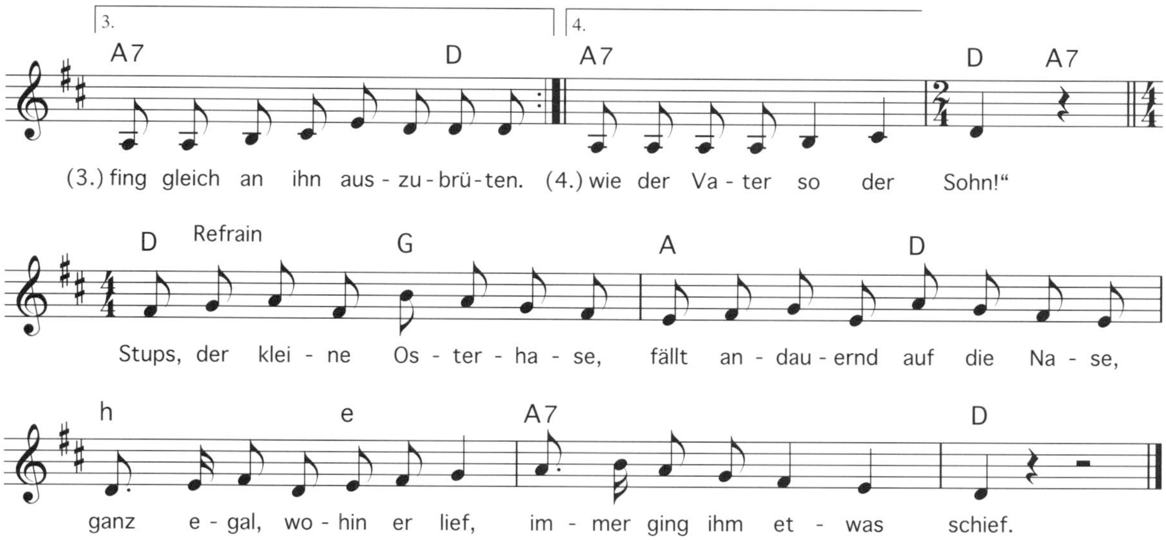

„Stups, der kleine Osterhase“ – ein Stabpuppentheater

Material: CD Nr. 8 „Stups, der kleine Osterhase“, Stabpuppen (s. S. 98/99), Requisiten (s. S. 92)

Das Kollegium oder eine andere geübte Gruppe spielt die Geschichte parallel zur Einspielung des Liedes „Stups, der kleine Osterhase“ mit den Stabpuppen vor und alle schauen zu. Die Strophen werden dargestellt und im jeweils folgenden Refrain hüpfen die Puppen und Requisiten, die vorher aufgetreten sind, lustig durcheinander über die Bühne.

Refrain

Stups, der kleine Osterhase
Stups tritt auf, stolpert und fällt ein paar Mal auf die Nase.
fällt andauernd auf die Nase,
ganz egal, wohin er lief,
immer ging ihm etwas schief.

1. Neulich legte er die Eier
Der Schuh kommt von der Seite, Stups legt ein Ei hinein.
in den Schuh von Fräulein Meier.
Früh am Morgen stand sie auf,
Fräulein Meier steht auf, …
da nahm das Schicksal seinen Lauf.
Sie stieg in den Schuh hinein,
steigt in den Schuh,
schrie noch einmal kurz: „Oh, nein!“
erschrickt sich.
Als sie dann das Rührei sah,
Das Rührei erscheint und legt sich vor den Schuh.
wusste sie schon, wer das war.

Refrain

Stups, der kleine Osterhase …
Stups, Schuh, Ei, Fräulein Meier und das Rührei (3 Spieler) hüpfen auf der Bühne umher und bis auf Stups verschwinden allmählich alle wieder. Am Ende bleibt nur Stups allein zurück.

2. In der Osterhasenschule
Der Hasenlehrer kommt, der Stuhl schiebt sich unter Stups' Po.
wippte er auf seinem Stuhle
mit dem Pinsel in der Hand,
Der Pinsel und der Farbentopf bewegen sich vor Stups' Nase.
weil er das so lustig fand.
Plötzlich ging die Sache schief,
als er nur noch „Hilfe“ rief,
fiel der bunte Farbentopf
Der Topf fällt auf Stups' Kopf, beide verschwinden unter der Bühnenkante.
ganz genau auf seinen Kopf.

Refrain

Stups, der kleine Osterhase …

Der Hasenlehrer und alle anderen Spieler der 2. Strophe hüpfen auf der Bühne herum. Am Ende bleibt Stups allein.

3. Bei der Henne Tante Berta
Die Henne und ein unbemaltes Ei treten auf.
traf das Schicksal ihn noch härter,
denn sie war ganz aufgeregt,
weil sie grad ein Ei gelegt.
Stups, der viele Eier braucht,
schlüpfte unter ihren Bauch.
Stups schlüpft unter Bertas Bauch.
Berta, um ihn zu behüten,
Berta sitzt ruhig auf ihrem „Ei".
fing gleich an ihn auszubrüten.

Refrain

Stups, der kleine Osterhase …

Stups, Berta und das Ei bewegen sich auf der Bühne (vielleicht brütet Stups einmal das Ei aus?) Am Ende bleibt Stups allein.

4. Paps, der Osterhasenvater,
Der Vater erscheint, Stups hört ihm in einigem Abstand zu.
hat genug von dem Theater,
und er sagt mit ernstem Ton:
„Hör mal zu, mein lieber Sohn!
Deine kleinen Abenteuer
sind mir nicht mehr ganz geheuer."
Stups, der sagt: „Das weiß ich schon,
Stups springt auf den Vater zu.
wie der Vater, so der Sohn!"

Refrain

Stups, der kleine Osterhase …

Beide hüpfen fröhlich auf der Bühne herum und im Hintergrund erscheinen alle Stabpuppen nebeneinander noch einmal.

Variante

Anschließend werden Freiwillige gesucht, die ihre Spielfigur mitbringen und zusätzlich eine passende Requisite in die Hand nehmen. Nun startet die Musik erneut und das Spiel beginnt von vorn. Eventuell am Anfang jeweils nach dem Refrain und den Strophen eine Musikpause einlegen und hinten die Mitspieler neu sortieren und neue Regieanweisungen geben.

Zum Refrain dürfen diejenigen vor der Bühne, die die gleiche Spielfigur gebastelt haben, aufstehen und wie Stups auf der Stelle mithüpfen. Am Ende setzen sich alle wieder und schauen während der folgenden Strophen zu.
Dieses Theater wird von der Hasenschuldirektorin beendet und die Schulglocke läutet ein vorletztes Mal.

Das Fest klingt aus

Am Ende eines erlebnisreichen Schulbesuches gibt es natürlich wie in jeder Schule ein richtiges Zeugnis. Jeder Schüler oder jede Hasenfamilie erhält ein Zeugnis in Form eines Ostereis.

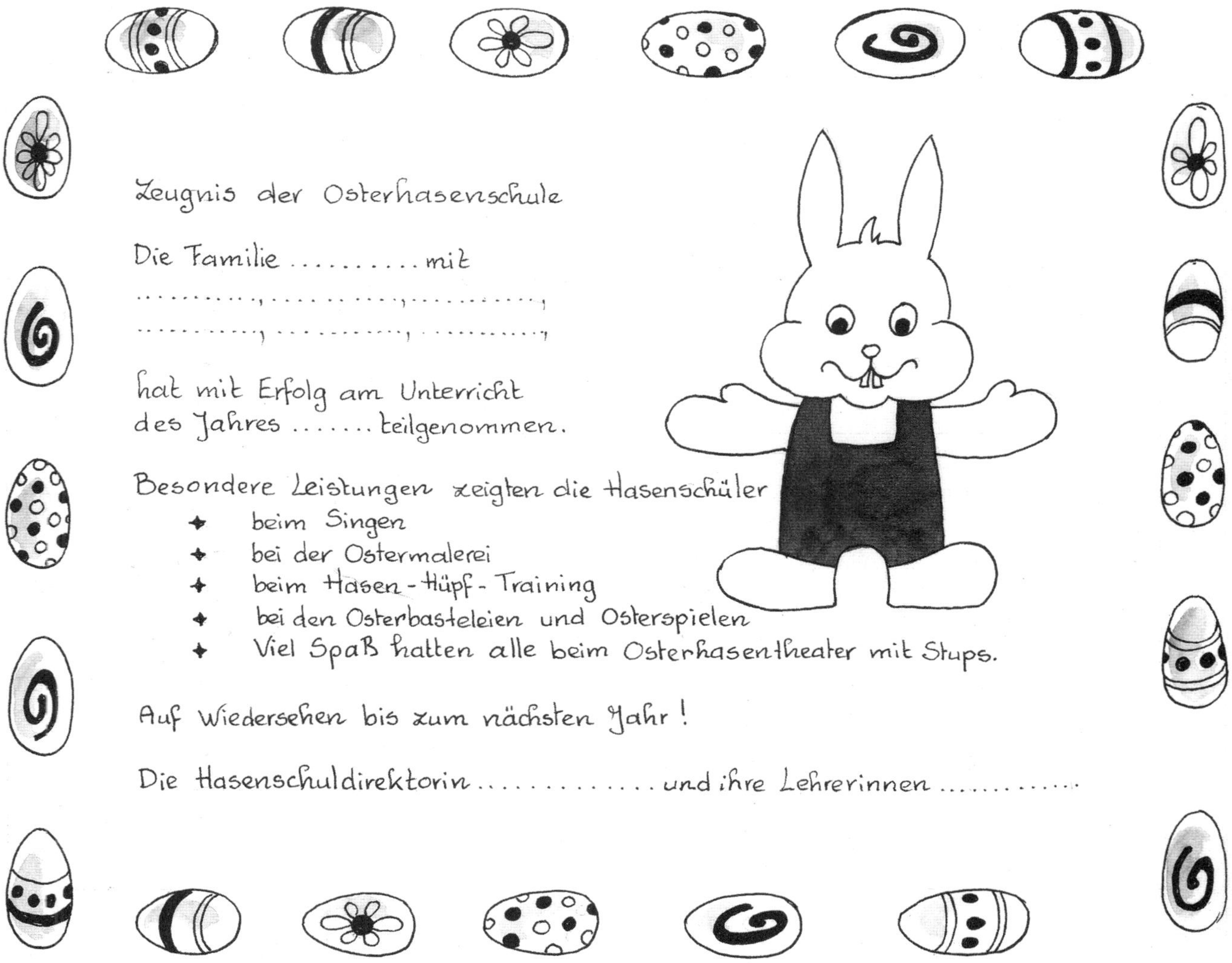

Sicherlich wird so manchem Hasengast dieser Schultag noch lange in lustiger Erinnerung bleiben und den Familien Ideen mit auf den Weg geben, wie sie ihr eigenes Osterfest zu Hause noch bunter und intensiver gestalten können.

Wie gut, dass es die Sonne gibt
Ein Sommerfest

Das laufende Kindergarten- oder Schuljahr neigt sich seinem Ende entgegen und nun wird es Zeit, das Sommerfest vorzubreiten und die Gäste feierlich einzuladen.
Dadurch, dass viele kleine und große Leute erwartet werden, bietet es sich geradezu an, die wichtigsten Ereignisse des vergangenen Jahres zu erwähnen und dabei auch allen Eltern, Kollegen und anderen Personen, die sich zum Wohle der Einrichtung engagiert haben, zu danken. Gleichgültig, ob das Sommerfest unter einem bestimmten Motto steht oder nicht, überwiegt natürlich das fröhliche Beisammensein, das bei strahlendem Sonnenschein erst so richtig viel Spaß bringt. „Wie gut, dass es die Sonne gibt", die den Menschen gute Laune macht, das Meer erwärmt, die süßen Früchte reifen lässt …
Wir finden, das ist Anlass genug, um ein heiteres Fest rund um die Sonne zu veranstalten.

Vor dem Fest

Sonnen-Einladung

Diese Einladung können bereits die Jüngsten gut basteln. Sie stimmt auf das bevorstehende Sommerfest ein und unterstreicht das Motto „Wie gut, dass es die Sonne gibt".

Material: gut deckende und leuchtende Farben in Gelb, Rot und Schwarz, Fotokarton in Gelb, pro Kind 1 Malkittel, 1 Unterlage, 1 runder Pappteller in Weiß, 1 Schere, 1 Alleskleber, evtl. Heftklammern

Den Pappteller auf beiden Seiten mit gelber Farbe bemalen und trocknen lassen. Kurze, ca. 2 cm breite und 10 cm lange Fotokartonstreifen zuschneiden. Auf den Pappteller Augen, Mund und Nase der Sonne malen. Die Fotokartonstreifen wie Sonnenstrahlen um den Papptellerrand herumkleben oder mit Heftklammern befestigen. Eine Kopie des Einladungsschreibens auf die freie gelbe Seite kleben.

Pappteller-Sonnenhut

Ein gebastelter Sonnenhut eignet sich hervorragend für die Liedaufführung „Wie gut, dass es die Sonne gibt". Vielleicht basteln manche Kinder auch Hüte für ihre Geschwister.

Material: gut deckende und leuchtende Farben in Gelb, Rot und Schwarz, Fotokarton in Gelb, Schere, Klebstoff, pro Kind 1 Pappteller, Hutgummi; evtl. gelbes Krepppapier

Die Kinder fertigen die gleiche Sonne wie bei der Sonnen-Einladung (s. S. 108) an.
Ist die Farbe getrocknet, schneiden die Kinder ihre „Sonne" bis zur Mitte ein, lassen die eingeschnittenen Seiten überlappen und kleben sie fest. Damit der „Sonnenhut" auf dem Kopf hält, befestigen die Kinder an beiden Seiten über den Ohren einfache Hutgummis.

Dekorative Variante

Die „Sonnen" nicht einschneiden, sondern zur Dekoration überall im Garten aufhängen. Gelbe Krepppapierstreifen leuchten außerdem als „Sonnenstrahlen" von Ästen und Zweigen herunter.

Topfpflanze mit Sonne

Besonders dekorativ sehen Topfpflanzen mit einer Sonne nicht nur auf den Esstischen aus, sondern auch auf Fensterbänken oder auf Tischen direkt vor dem Eingangsbereich.

Material: pro Tisch 1 Topfpflanze, 1 Schaschlikspieß, Moosgummi in Gelb, Schwarz und Rot, 2 Wackelaugen (ø 6 mm), Tonpapier in Gelb, Schere, 1 Stück doppelseitiges Klebeband; evtl. gelbes Papier

Aus dem gelben Moosgummi einen Kreis mit einem Durchmesser von ca. 12 cm ausschneiden.
Die beiden Wackelaugen auf den Kreis kleben.
Eine schwarze Nase und einen roten Mund aus Moosgummi schneiden und ebenfalls auf den Kreis kleben.
Gelbe kurze Streifen aus Tonpapier anfertigen und diese wie Sonnenstrahlen um den Kreisrand herumkleben.
Auf der Rückseite der „Sonne" den Schaschlikspieß mit Hilfe des Klebebands befestigen.
In die Mitte der Topfpflanze den Schaschlikspieß hineinstechen, so dass dieser steht.
Die Topfpflanze mit der „Sonne" auf einen gedeckten Tisch stellen.

Variante

Ausgeschnittene Sonnen aus Moosgummi oder gelbem Papier mit Tesafilm z. B. auf aufgespannte Sonnenschirme im Garten kleben.

Kalte Durstlöscher und Leckeres für den Rost

Geeignete Durstlöscher und reichlich frisches Gemüse zum Grillen schmecken lecker und sind hervorragend geeignet für einen gemeinsamen Festschmaus im Freien.

Kindertee-Früchtebowle

Zutaten für 20 Kinder: 500 g Beeren (Himbeeren, Kirschen, Erdbeeren etc.), 3 El Zucker, 1 Zitrone, 18 Eiswürfel, 1,5 l Multivitaminsaft, 1,5 l Früchtetee

Eiswürfelschalen mit Wasser füllen und mehrere Stunden ins Gefrierfach stellen.
Den Tee kochen.
Die Beeren waschen, abtrocknen, in eine große Schale legen und mit etwas Zucker bestreuen.

Den fertigen Tee mit Zucker und Zitronensaft abschmecken und abkühlen lassen.
Vor dem Servieren eine große Kanne mit Eiswürfeln füllen, Tee und Multivitaminsaft hineingießen, die Früchte dazugeben und mehrmals umrühren.

Gemüse-Büfett für Grillfreunde

Mit der warmen Jahreszeit beginnt die Grillsaison, die Jung und Alt gleichermaßen erfreut. Weil manche Gäste, z. B. Moslems aus Glaubensgründen kein Schweinefleisch essen, sollte auf dieses verzichtet werden. Stattdessen empfiehlt es sich, buntes Gemüse der Saison anzubieten, das die Gäste selbst aussuchen, auf den Rost legen und grillen.

Material: 3–4 Festzeltgarnituren, mehrere Grills, weiße Papiertischdecken, Teller und Besteck, 3–4 Pinsel, Alufolie oder Aluschalen, Brotkörbe, Grillbesteck
Zutaten für 20 Personen: 30 große Kartoffeln, 10 Paprika, 10 Zucchini, 10 Auberginen, Kräuter und Gewürze, etwas Salz und Pfeffer, 250 g Butter, etwas Olivenöl, Fladenbrot, Baguette

Einfach und schnell finden alle Gäste die Leckereien zum Grillen auf einem Büfett, das folgendermaßen aufgebaut werden kann:

- ✦ Ein langes Büfett aus drei bis vier Festzelttischen mit weißen Papiertischdecken aufstellen.
- ✦ Auf den ersten Tisch die Teller und das Besteck für die Gäste platzieren.
- ✦ Kartoffeln, aber auch geputztes und vorbereitetes Gemüse wie Paprikaschoten, dünne Scheiben Zucchini und Aubergine auf einzelne Teller legen und auf den Tischen verteilen.
- ✦ Auf den letzten Tisch Kräuter und Gewürze sowie Salz und Pfeffer, drei bis vier Pinsel, Alufolie oder Aluschalen. Butter und Olivenöl und Fladenbrot oder Baguette aufgeschnitten in Brotkörbe stellen.
- ✦ Mehrere Grills am Ende des Büfetts aufstellen. Bevor das einzelne Gemüse auf den Rost kommt, sollte man ein Stück Alufolie mit Olivenöl oder Butter bestreichen und auf dem Grill heiß werden lassen. Auf diese Weise trocknet das Gemüse auf der heißen Alufolie nicht aus.

Aufgrund der übersichtlichen Anordnung können Kinder und Erwachsene leicht ihr Gemüse zum Grillen zusammenstellen und ganz nach ihrem Geschmack würzen und mit etwas Olivenöl einpinseln.

Folienkartoffel

Wer gerne gegrillte Kartoffeln isst, bestreicht ein Stück Alufolie mit Butter, würzt mit Kräutern und Salz und packt die Kartoffel so ein, dass die matte Seite der Alufolie, die schneller die Hitze von außen zur Kartoffel leitet, nach außen zeigt. Dann die Folienkartoffel in die Glut legen.

Wie gut, dass es die Sonne gibt

Nr. 10 – Musik und Text: Rolf Zuckowski

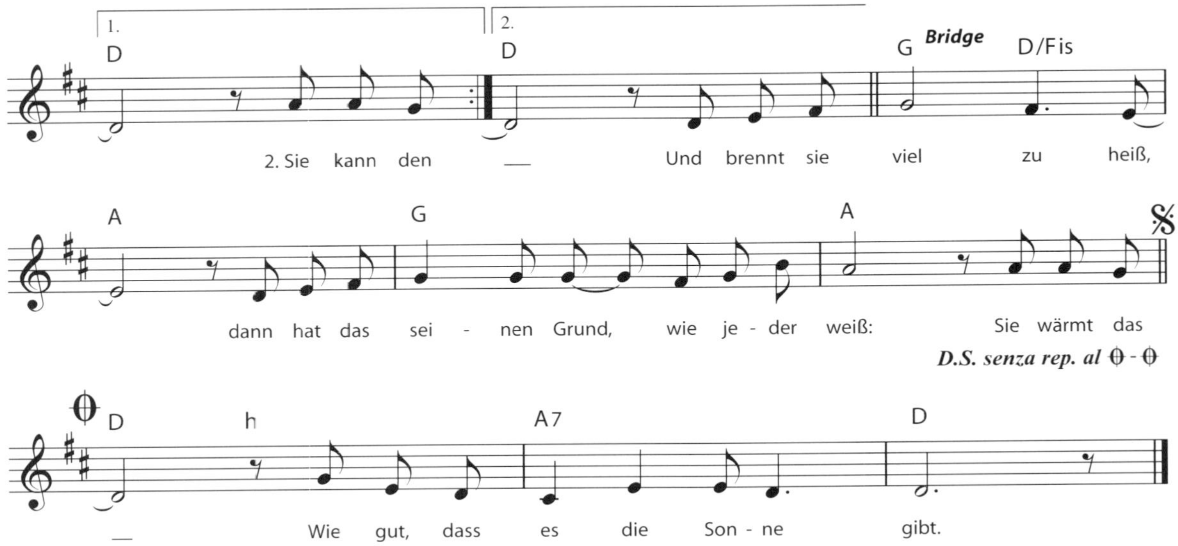

Das Fest beginnt

„Wie gut, dass es die Sonne gibt" – ein Sonnentanz

Material: CD Nr. 10 „Wie gut, dass es die Sonne gibt", pro Kind 1 Pappteller-Sonnenhut (s. S. 109)

Die Kinder tragen ihre gebastelten Sonnenhüte. Die Erwachsenen bilden einen großen Kreis.
In der Kreismitte stellen sich die Erwachsenen den Kinder in einem Innenkreis gegenüber, so dass sich alle gut sehen, die Erwachsenen aber v. a. ihre Kinder sehen und nicht von den Blicken der anderen Erwachsenen in ihrem Tun gehemmt werden.

1. Sie lässt die Sonnenblumen wachsen,
sie lässt die kleinsten Blüten blühn,
Die Kinder gehen leicht in die Hocke und richten sich wieder auf. Sie strecken ihre Arme in die Luft und stellen eine Blüte dar, indem sie ihre beiden Unterarme dicht vor dem Oberkörper zusammenhalten und dabei die Hände wie eine Blüte öffnen.
macht allen Menschen gute Laune,
wenn graue Wolken weiterziehn.
Die Kinder machen mit ihren Händen leichte Luftbewegungen und deuten so das Weiterziehen der Wolken an.

Refrain
Sie wärmt das große blaue Meer
und schickt die Vögel auf die Reise,
Die Kinder deuten zunächst Wellenbewegungen an und tun dann so, als ob sie fliegen würden.
weckt aus dem Schlaf den braunen Bär
auf ihre liebevolle Weise.
Sie lassen ihren Kopf auf dem Handrücken ruhen, dann recken und strecken sie sich und streicheln sich über ihre eigenen Wangen.
Sie hat die Erde grün gemacht
und wenn die süßen Früchte reifen,
denkt jeder, der das Leben liebt:
Wie gut, dass es die Sonne gibt!
Die Kinder pflücken pantomimisch Früchte vom Baum. Sie kreuzen ihre Arme, legen ihre Hände auf ihre Schultern und öffnen sie schließlich zu einem großen Kreis in der Luft.

2. Sie kann den Regenbogen malen
und scheint in jedes Haus hinein,
Die Kinder malen einen Regenbogen in die Luft. Sie deuten mit beiden Händen ein Dach an, die Fingerspitzen berühren sich.
wärmt uns mit ihren hellen Strahlen
und lässt die Herzen fröhlich sein.
Sie umarmen sich selbst und klopfen mit der Hand auf ihr Herz.

Refrain
Sie wärmt das große blaue Meer …

Zwischenteil
Und brennt sie viel zu heiß,
dann hat das seinen Grund, wie jeder weiß:
Die Kinder halten ihre Hände als Sonnenschutz über ihren Kopf.

Refrain
Sie wärmt das große blaue Meer ...
s. o.

Spielideen für das Fest

Schnelles Kofferpacken

Wieder einmal haben wir viel zu spät mit dem Kofferpacken begonnen. Das Flugzeug hebt in wenigen Stunden ab und der Koffer ist immer noch nicht gepackt. Doch welche Gruppe kann am besten ihren Koffer packen und somit unbekümmert in den Urlaub fliegen? Wer möchte, gibt einen Tipp ab.

Material: 2 Koffer, pro Gruppe 6 Urlaubsutensilien (z. B. 1 Sonnenhut, 1 Schwimmreifen, Sonnencreme, 1 Badehose, 1 Handtuch und 1 T-Shirt)

Die Kinder bilden zwei gleich große Gruppen, die sich jeweils hintereinander aufstellen. Vor die Füße der beiden ersten Kinder aus jeder Gruppe platziert die Erzieherin jeweils sechs Dinge, z. B. einen Sonnenhut, einen Schwimmreifen, Sonnencreme, eine Badehose, ein Handtuch und ein T-Shirt. Die beiden letzten Kinder aus jeder Schlange erhalten einen leeren Koffer.
Sobald die Erzieherin z. B. „Schwimmreifen!" ruft, werden die Schwimmreifen vom ersten bis zum letzten Kind möglichst schnell durchgegeben. Diejenige Gruppe, bei der der Schwimmreifen als Erster im Koffer liegt, darf ihn im Koffer lassen. Die andere Gruppe übergibt ihn der Erzieherin. So folgen die weiteren Spielrunden mit jeweils einem anderen Gegenstand, bis alle Dinge durchgegeben wurden. Die Gruppe mit den meisten Sachen im Koffer gewinnt.

Bade-Staffel

„Sommerkinder wollen jeden Tag zum Baden gehen", heißt es in Rolfs Lied „Sommerkinder". Um diesen Wunsch wenigstens annähernd zu erfüllen, bietet sich eine Bade-Staffel an.

Material: pro Gruppe 4 Schwimmreifen, 4 große Schüsseln mit Wasser, 1 Tisch

Vorbereitung
Die Schwimmreifen in größerem Abstand jeweils in einer Reihe auf den Boden legen. Neben jeden Schwimmreifen eine Schüssel stellen, die bis zum Rand mit Wasser gefüllt ist. Hinter den letzten Schwimmreifen aus jeder Reihe einen Tisch stellen.

Die Kinder bilden zwei bis drei gleich große Gruppen und stellen sich nebeneinander vor jeweils einer Reihe Schwimmreifen auf.
Sobald das Startzeichen durch die Erzieherin erfolgt, dürfen die ersten Kinder aus jeder Gruppe blitzschnell im Slalom um die einzelnen Reifen „herumschwimmen" bzw. herumlaufen und mit der flachen Hand auf das Wasser in der Schüssel patschen, an der sie gerade vorbeikommen. Am Ende müssen die beiden Kinder „tauchen", d. h. unter dem Tisch durchkriechen. Danach „schwimmen" bzw. laufen die beiden Kinder an den Reifen vorbei zurück und fordern per Handschlag das vorderste Kind aus ihrer Gruppe zum „Schwimmen" auf. Während nun die beiden Kinder sich hinten in der Reihe anstellen, laufen die ersten Kinder aus jeder Gruppe los, um das Spiel fortzusetzen. Die Gruppe, die am schnellsten wieder auf ihrem Ausgangsplatz steht, gewinnt das Spiel.

Sonnen-Wurfspiel

Ein Sonnen-Wurfspiel ist kinderleicht herzustellen und wird auch nach dem Fest von den Kindern gerne genutzt.

Material: 1 Gymnastikreifen, gelbe Krepppapierstreifen, gelber Fotokarton, 1 Schere, Klebeband, Klebstoff, 1 dicke Schnur, 1 Softball

Vorbereitung

Lange gelbe Krepppapierstreifen so lange um den Reifen herumwickeln, bis er restlos umwickelt ist.
Das Ende der einzelnen Streifen mit einem Stück Klebeband am Reifen befestigen.
Aus gelbem Tonpapier „Sonnenstrahlen" bzw. Dreiecke ausschneiden und diese um die „Sonne" bzw. den Reifen kleben.
Eine lange stabile Schnur durch den Reifen fädeln und die beiden Enden zu einer Kette verknoten.
Die Sonne an einem Ast oder Klettergerüst aufhängen.

Spielidee

Etwa einen Meter von dem Wurfspiel entfernt bilden die Kinder eine Reihe, indem sie sich nebeneinander aufstellen. Nun versuchen sie einzeln einen Ball durch das Loch zu werfen. Wer schafft das auf Anhieb?

Sonnenstrahlen schnappen

Beinahe so wie „Die Reise nach Jerusalem" verläuft dieses Spiel, bei dem sich alles um einen Platz an der Sonne dreht.

Material: CD Nr. 11 „Sommerkinder", Gymnastikstäbe, 1 Gymnastikreifen, Rhythmusinstrumente (z. B. Rasseln, Handtrommeln)

Die Erzieherin platziert einen Gymnastikreifen auf dem Boden, um den alle Kinder, bis auf eines, jeweils einen Gymnastikstab als Sonnenstrahl legen.
Während das Lied „Sommerkinder" von der CD erklingt, gehen alle Kinder rhythmisch um die „Sonne" herum. Sobald die Musik stoppt (Pausentaste drücken), stellen sich alle Kinder blitzschnell vor einen freien Gymnastikstab. Das Kind, das keinen freien Stab finden konnte, erhält ein Rhythmusinstrument und stellt sich außerhalb der Sonne auf.
Die Erzieherin entfernt einen Stab und stellt die Musik wieder an, die das Kind mit dem Instrument rhythmisch begleitet. Das Spiel wird so lange weitergeführt, bis ein großes „Orchester" entstanden ist und nur noch ein Kind rhythmisch um die Sonne herumgeht.

Schatzkiste auf dem Meeresboden

Sich in das tiefe Meer wagen und tauchen, um einen Schatz zu bergen, erfordert viel Mut und Abenteuerlust. So viel Einsatz wird natürlich belohnt. Auch Kinder, die lieber in Begleitung eines Erwachsenen auf „Tauchstation" gehen, sollen bei diesem Spiel nicht zu kurz kommen.

Material: 1 Schwungtuch oder 1 großes blaues Leintuch, 1 Schuhschachtel, goldene Papierschnipseln, kleine Überraschungen (z. B. 1 Schlüsselanhänger, 1 Mini-Kreisel, 1 Luftballon oder 1 Fingerpuppe)
Vorbereitung: Die Schuhschachtel mit den goldenen Papierschnipseln bekleben, eine kleine Überraschung hineinlegen und unter das Schwungtuch geben.

Alle Kinder halten das Schwungtuch in Hüfthöhe und machen dabei Wellenbewegungen. Sie spielen das Meer.
Nach einer Weile ruft die Erzieherin ein Kind mit Namen auf, das möglichst schnell unter das Schwungtuch krabbelt, um nach der „Schatzkiste" zu suchen. Hat es sie gefunden, darf es diese öffnen und den Inhalt behalten.
Die Schatzkiste wird wieder gefüllt und unter das Tuch gelegt, so dass das Spiel erneut beginnen kann. Das Kind, das gerade auf „Tauchstation" war, kniet sich auf den Boden. Auf diese Weise erkennt die Erzieherin rasch, wer noch nicht an der Reihe gewesen ist. Erst wenn alle Kinder einmal getaucht sind, ist das Spiel beendet.

Wasserbomben-Dosenwerfen

Dieses Spiel bietet sich hervorragend im Garten an. Ist es draußen warm genug, kann sich ein Kind auch hinter die Dosen stellen und versuchen die Wasserbombe zu fangen, ohne dabei nass zu werden.

Material: Luftballons, Wasser, 6 leere Dosen, 1 Tisch
Vorbereitung: mehrere Luftballons mit Wasser füllen und zuknoten

Die Dosen pyramidenförmig auf einen Tisch stellen. Die Kinder werfen der Reihe nach in einem Abstand von etwa einem Meter mit einer Wasserbombe auf die Dosen.
Wer kann alle Dosen umwerfen, ohne dass die Wasserbombe platzt? Das ist gar nicht so einfach!

Fotostand für Sommerkinder

Lustige Schnappschüsse von den Kindern sind eine nette Erinnerung an das gelungene Sommerfest.

Material: 1 Sofortbild- oder Digitalkamera mit Drucker, 1 Kleiderständer mit verschiedenen Sachen zum Verkleiden (z. B. Sommerkleider, Sonnenhüte), 1 Kiste mit Badeutensilien (z. B. Sonnenbrillen, Schwimmflossen, Taucherbrille), 1 großer Spiegel, Kinderschminke

Ein Stand mit verschiedenen Dingen zum Verkleiden, z. B. einem Sonnenhut von der Großmutter, einer bunten Sonnenbrille, viel zu großen Schwimmflossen oder gar einer lustig aussehenden Taucherbrille, ist immer eine besondere Attraktion, die den Kindern viel Vergnügen bereitet. Hier können sie sich nach Herzenslust verkleiden und vor einem großen Spiegel schminken.
Wer Lust dazu hat, kann sich allein oder mit anderen fotografieren lassen. Das wird ein Spaß!

Sommerkinder

Nr. 11 – Musik und Text: Rolf Zuckowski

Das Fest klingt aus

Ein Teammitglied bedankt sich bei allen Helfern und verabschiedet sich auch im Namen des Teams. Zum Abschluss singen alle das Lied „Sommerkinder", zu dem die Eltern an den Tischen sitzen und sich gegenseitig einhaken.

„Sommerkinder"-Polonaise

Material: CD Nr. 11 „Sommerkinder", Schwimmreifen oder Schwimmflügel, Eistüten (z. B. aus Holz oder Plastik aus dem Kinder-Kaufladen oder echtes Eis am Stiel, von dem am Ende alle Kinder eines haben sollten), 1 Gartenschlauch, Gymnastikreifen

Die Kinder setzen ihre gebastelten Sonnenhüte auf den Kopf und bilden vier verschiedene Gruppen mit folgenden Requisiten:

- ✦ Bade-Kinder: jeweils ein Schwimmreifen oder zwei Schwimmflügel
- ✦ Strand-Kinder: jeweils eine Eistüte
- ✦ Gartenschlauch-Kinder: ein Gartenschlauch
- ✦ Hula-Hoop-Kinder: jeweils ein Gymnastikreifen

Refrain
Sommerkinder wollen jeden Tag zum Baden gehn
und von früh bis spät nur die Sonne sehn.
Während die Eltern zum Rhythmus der Musik hin- und herschunkeln, gehen die Bade-Kinder im Takt durch die Tischgruppen.
Sommerkinder wollen spielen irgendwo am Strand
und ein großes Eis in ihrer Hand.
Die Strand-Kinder gehen hinter den Bade-Kindern rhythmisch her.

1. Sie träumen von einer Dusche
unterm Gartenschlauch
Die Gartenschlauch-Kinder gehen wie eine Schlange rhythmisch hinter den Strand-Kindern her, die wiederum den Bade-Kindern folgen.
und Hula Hoop
mit ihrem braun gebrannten Bauch.
Die Hula Hoop-Kinder folgen den Gartenschlauch-Kindern. Alle zusammen bilden eine Polonaise.

Refrain
Sommerkinder …
s. o.

2. Sie träumen von alten Freunden,
die sich wiedersehn
und Sommerferien,
die nie zu Ende gehn.
Jetzt bleiben alle Kinder stehen, um den Gästen zuzuwinken.

Refrain
Sommerkinder …
Die Kinder holen ihre Eltern ab und nehmen sie mit in die Polonaise.

Der Kindergarten ist jetzt aus

Nr. 16 – Musik: „Ferri“ G. Feils/H. Michaelis/ D. Faber/F. Oberpichler; Text: „Ferri“ G. Feils

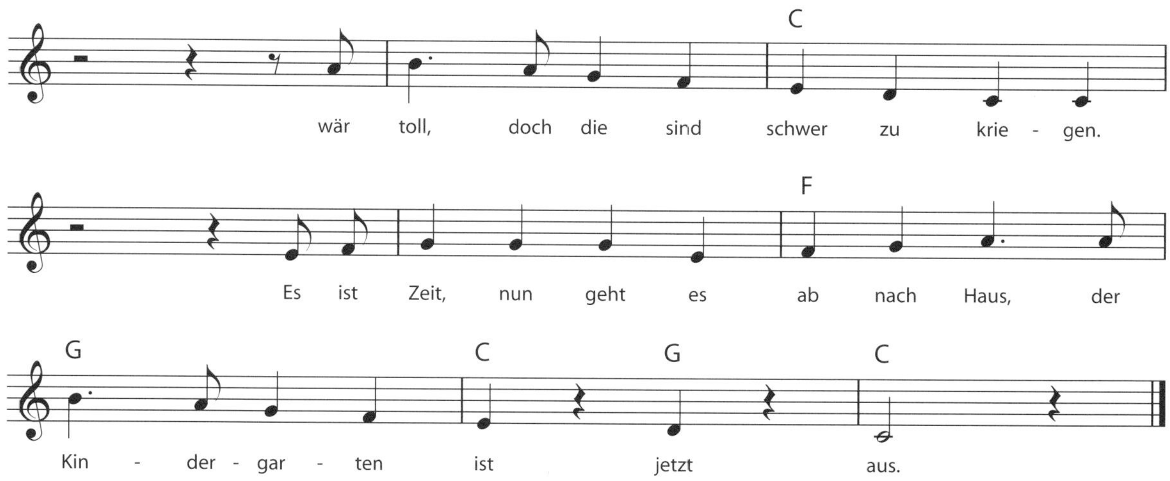

„Der Kindergarten ist jetzt aus"- Abschiedslied

Jede Abschiedssituation hat zwei Seiten, die eine etwas traurige, weil etwas Schönes zu Ende geht, die zweite Seite freudig und voller Spannung mit Blick auf das Neue, das kommt. In fröhlicher Art gelingt der Abschied mit dem nachfolgenden Spiel sowohl im ganz normalen Alltag als auch bei einem Fest. In dem Fall wird das Wort „Kindergarten" im Refrain einfach durch den Namen des Festes ersetzt, z. B. „Das Geburtstagsfest, das ist jetzt aus ...".

Alle stellen sich so im Kreis auf, dass die Familienmitglieder nebeneinander stehen.

Refrain

Der Kindergarten ist jetzt aus.
Hurra, jetzt geht es ab nach Haus.
Alle stehen im Kreis. Bei „Hurra" die Arme in die Luft werfen oder einen Luftsprung machen.
Mit der Bahn,
Die angewinkelten Arme vor- und zurückschieben und „Tsch, Tsch" im Rhythmus anhängen.
mit dem Bus,
Pantomimisch ein Lenkrad anfassen, lenken und „brumm, brumm" weitersingen,
mit dem Auto
weiterlenken,
und zu Fuß,
auf der Stelle gehen.
mit Rakete,
Die Hände hoch über dem Kopf zur Raketenspitze zusammenlegen und auf Zehenspitzen stehen.
U-Boot,
Mit den Händen und dem Oberkörper abtauchen in die Hocke oder auf den Bauch legen, denn dann ist es noch bewegungsintensiver.
Flieger,
morgen kommen wir,
morgen kommen wir,
morgen kommen wir alle wieder.
Mit ausgebreiteten Armen abfliegen, am Platz, im kleinen Kreis oder kreuz und quer durch den Raum.

1. Geht man zu Fuß, braucht man dabei
einen Schuh, noch besser zwei.
Alle gehen am Platz und berühren nacheinander beide Schuhe.
Man kann hüpfen oder gehn
Schlusshüpfer am Platz und Gehschritte in den Kreis hinein.
und vorm Bordstein bleibt man stehn.
Bei „stehn" einen Schlusssprung machen (nicht umfallen).

Refrain

Der Kindergarten ist jetzt aus ...
s. o.

2. In das Auto rein und wie der Blitz

Paarweise hintereinander stellen: Der kleinere von beiden steht vorn, der größere in der Grätsche. Der Vordermann schlüpft von vorn durch die Grätsche und stellt sich hinter den „Fahrer in den Kindersitz".

nach hinten in den Kindersitz.
Was dann kommt, weiß jeder bald:
Erst wer klickt, der hat's geschnallt.

Pantomimisch anschnallen.

Refrain

Der Kindergarten ist jetzt aus ...

s. o.

Schluss

Mit Rakete, U-Boot, Flieger fliegen
wär toll, doch die sind schwer zu kriegen.
Es ist Zeit, nun geht es ab nach Haus,
der Kindergarten ist jetzt aus.

Alle gehen in der Mitte zusammen und rennen bei „aus" auseinander.

Register

Basteln, Malen und Dekorieren

Lieder

Spiele und Vorführungen

Essen und Trinken

Die Autorinnen

Andrea Erkert, geb. 1967, ist Erzieherin, Entspannungspädagogin und Fachlehrerin einer Grundschulförderklasse in der Nähe von Stuttgart. Sie bietet Seminare für Eltern, ErzieherInnen und LehrerInnen zu den Themen Entspannung, Bewegung, Wahrnehmung, Gewaltprävention, Naturerfahrung, Sprachförderung und Ernährungserziehung im In- und Ausland an.

Von Andrea Erkert sind folgende Fachbücher beim Ökotopia Verlag erschienen: „Inseln der Entspannung“, 5. Auflage 2003; „Liebe Schnecke, komm heraus!“, 2. Auflage 2001; „Das Stuhlkreisspiele-Buch“, 5. Auflage 2004; „Naschkatze & Suppenkasper“, 2005.

Andrea Erkert schrieb im vorliegenden Buch die Kapitel „Ich kenn ein Haus“, „Wie schön, dass du geboren bist“, „Kleiner grüner Kranz“, „Immer wieder kommt ein neuer Frühling“ und „Sommerkinder“.

Kontaktadresse für Veranstaltungen, Seminare und Elternabende: Andrea Erkert, Seelacher Weg 79, 71522 Backnang,
Tel.: (0 71 91) 90 83 57 oder (01 62) 7 34 37 92, Fax: (0 71 91) 90 83 59,
E-Mail: andrea.erkert_florida-sun@t-online.de

Heidi Lindner ist Erzieherin, verheiratet und hat drei Kinder. Die Eltern-Kind- und Kinderturnübungsleiterin in Neumünster ist seit 1989 Herausgeberin und Autorin der Praxisreihe „Hier bewegt sich was“ und seit vielen Jahren in der Aus- und Fortbildung von ÜbungsleiterInnen, ErzieherInnen und GrundschullehrerInnen tätig. 1994 gründete sie die Pipo-Lernwerkstatt (Pipo = Phantasievolle Ideen Pädagogisch OK). Als Tourneeleiterin von Rolf Zuckowski entstanden viele gemeinsame Projekte und Veranstaltungen für Familien, Festivals und die FamilienSportShows „Sternenkinder“ und „WinterkinderTurnshow“.

Heidi Lindner schrieb im vorliegenden Buch die Kapitel „Freunde sein“, „Januar, Februar, März, April … und „Jetzt kommt die Osterzeit“.

Kontaktadresse für Veranstaltungen, Seminare und Elternabende: Pipo-Lernwerkstatt Heidi Lindner, Hainbuchenweg 16a,
24536 Neumünster, Tel.: (0 43 21) 3 21 22, Fax: (0 43 21) 3 96 25,
E-Mail: info@pipo-lernwerkstatt.de

Die Illustratorin

Annie Meussen, geb. 1949, wohnt und arbeitet in den Niederlanden. Bereits als junges Mädchen erhielt sie ersten professionellen Unterricht von ihrem Vater. Seither hat sie sich vor allem in der Detailzeichnung weiterentwickelt. Nach der Schulzeit arbeitete Annie Meussen als Erzieherin mit kranken Kindern in einem der wenigen Krankenhäuser, an die auch eine Schule angegliedert war. Seit 1990 ist sie selbstständige Illustratorin von Kinderbüchern, Postkarten und Kalendern. Für den Ökotopia Verlag illustrierte Annie Meussen „Santa, Sinter, Joulupukki“, 2002, „Käfer, Katze und Kaninchen“, 2003, „Streicheln, Spüren, Selbstvertrauen“, 2003, und „Englische Bewegungshits“, 2004.

CD ...und dazu der Tonträger von Rolf Zuckowski:

Feste feiern rund um die Jahresuhr

Mit 16 Gute-Laune-Liedern für alle Jahreszeiten

16 beliebte Lieder rund um die Jahresuhr aus Rolf Zuckowskis reichhaltigem Liederschatz, die sowohl im Alltag als auch zu besonderen Festanlässen Freude am gemeinsamen Singen, Spielen und Tanzen bringen.

Beliebte Songs wie „Im Kindergarten“, „Du gehörst zu uns“ oder „Freunde sein“ helfen zu Beginn des Kindergarten- oder Grundschuljahres erste Freundschaften zu knüpfen. „Wie schön, dass du geboren bist“ darf nach wie vor auf keiner Geburtstagsfeier fehlen und wird das ganze Jahr hindurch begeistert gesungen.

In der Adventszeit bringen „Der kleine grüne Kranz“ und „Die Weihnachtsbäckerei“ ein Leuchten in die Augen der kleinen und großen Festgäste, während „Es schneit“ oder „Die Jahresuhr“ das Neujahrsfest einläuten. Mit „Immer wieder kommt ein neuer Frühling“ verabschieden alle Kinder den Winter und bereiten sich auf die wärmere Jahreszeit vor, und kurz darauf hoppelt bereits „Stups, der kleine Osterhase“ durch die Wiesen, denn „Jetzt kommt die Osterzeit“ und damit ein Besuch in der Osterhasenschule.

Weiter dreht sich die Jahresuhr bis zur Sommerzeit, die mit „Vögelein, Vögelein, tanz mit mir“ und „Wie gut, dass es die Sonne gibt“ von den „Sommerkindern“ begrüßt wird. Ein Sommerfest zum Abschluss des Kindergartenjahres geht mit dem Lied „Der Kindergarten ist jetzt aus“ zu Ende.

Alle Liedtexte, Noten und viele Spielideen zu den Liedern hält das Buch „Feste feiern und gestalten rund um die Jahresuhr“ bereit.

ISBN: 3-936286-69-8

Kinder begeistern ...

mit Liedern, Tänzen und Geschichten aus dem Ökotopia Verlag

Michi Vogdt

Helau, Alaaf und gute Stimmung

Närrische Tanz- und Feierlieder zum Mitsingen und Austoben für kleine und große Jecken

Eine lustige Zusammenstellung für Karnevalspartys aller Art. Vom Mitmach-Marsch über Samba bis zum Alpen-Rap sind diese närrischen Songs eine echte Fundgrube.

ISBN (CD): 3-936286-32-9 · ISBN (Buch): 3-936286-31-0

Hartmut E. Höfele

Bei Zwergen, Elfen und Trollen

Fantastische Lieder, Tänze und Geschichten aus der Zauberwelt

Lieder über die geheimnisvollen Wesen der Anderswelt sind ebenso zu hören, wie Zauberreime und Geschichten über das Reich der Zwerge, Elfen und Trolle.

ISBN (CD): 3-936286-23-x · ISBN (Buch): 3-936286-22-1

Unmada Manfred Kindel, Gen Huitt, Ottis Simopiaref, ERDENKINDER

Hinter uns die Berge

Indianische Lieder und Tänze aus dem Kinderwald

Die kraftvollen Gesänge der Kinder, in Deutsch und den Originalsprachen gesungen, bringen uns vor allem die indianischen Kulturen näher.

ISBN (CD): 3-936286-06-X

Hartmut E. Höfele

Von Räubern, Dieben und Gendarmen

Wilde Lieder und Geschichten

Eine bunte Mischung aus pfiffigen Spottliedern, schelmischen Räuberballaden und „Mitgröhlliedern“. Ein Hörspaß für alle, die gerne singen und musizieren.

ISBN (CD): 3-931902-98-6 · ISBN (Buch): 3-931902-97-8

Hartmut E. Höfele

Feuerwerk und Funkentanz

Stimmungsvolle Lieder, Tänze und Geschichten rund ums Thema Feuer

Die Titel animieren zum Mitsingen und sorgen beim gemeinschaftlichen Lagerfeuer für Stimmung.

ISBN (CD): 3-931902-86-2 · ISBN (Buch): 3-931902-85-4

ERDENKINDER KINDERWALDCHOR

Unmada M. Kindel

Wunderwasser

Starke Lieder und Tänze aus dem Kinderwald

Die Melodien und Rhythmen fordern auf zum Tanz, aber auch zum Träumen und Innehalten.

ISBN (CD): 3-931902-66-8 · ISBN (Buch): 3-931902-65-X

Umwelt spielend begreifen aus dem Ökotopia Verlag

Hafenweg 26a · D-48155 Münster

A. u. B. Neumann

Wasserfühlungen

Das ganze Jahr Naturerlebnisse an Bach und Tümpel – Naturführungen, Aktivitäten und Geschichtenbuch

Ein Handbuch für Naturwahrnehmungen an Kleinstgewässern mit Experimenten, Rezepten, Geschichten und spannenden Informationen zur Biologie und Mythologie von Pflanzen und Tieren. Für jede Jahreszeit werden verschiedene Spiele und Wahrnehmungsübungen vorgestellt.

ISBN: 3-936286-13-2

Martina Kroth

Von Leuchtfischen und Meerjungfrauen

Kleine Landratten erfahren spielerisch Spannendes und Wissenswertes über den Lebensraum Meer

Kinder holen sich das Meer nach Hause und erforschen Ozean und Küste, Schifffahrt und Wetter, Meerestiere und Seeungeheuer in vielfältigen Spielen, Experimenten, Geschichten, Bastelaktionen und Rezepten.

ISBN: 3-936286-35-3

A. u. B. Neumann

Wiesenfühlungen

Das ganze Jahr die Wiese erleben Naturführungen, Wahrnehmungsspiele und Geschichtenbuch

Wiesen sind Orte verschiendenster Geräusche, Gerüche, Farben und auch Gaumenfreuden, die nicht nur unseren Huftieren und Hasen schmecken. Unsere Wiesen sind aber auch Abenteuer- und Spielplätze, Orte der Ruhe und des Sonnenbadens, ein Zauberland, eine Universität und ein Garten.

ISBN: 3-931902-89-7

Leonore Geißelbrecht-Taferner

Die Garten-Detektive

Mit vielfältigen Experimenten, Spielen, Bastelaktionen, Geschichten und Rezepten den blühenden Frühjahrsboten auf der Spur

Mit Lupe und detektivischer Spürnase begeben sich Kinder auf die Suche nach Frühjahrsblühern im eigenen Garten und in Feld, Wald und Wiese. Ob Veilchen, Gänseblümchen oder Löwenzahn – alle Pflanzen haben ihre eigenen Besonderheiten und Fähigkeiten, die es zu entdecken gilt.

ISBN: 3-936286-58-2

A. u. B. Neumann

Waldfühlungen

Das ganze Jahr den Wald erleben – Naturführungen, Aktivitäten und Geschichtenfibel

Der Wald ist ein Abenteuer – ein Spielplatz, ein Zauberland, eine Universität und ein Garten. Die Bäume erzählen uns Geschichten, die in Sagen, Märchen und Gedichten weitergegeben werden. Aber auch andere Waldbewohner bieten Interessantes und Erstaunliches.

ISBN: 3-931902-42-0

K. Saudhoff, B. Stumpf

Mit Kindern in den Wald

Wald-Erlebnis-Handbuch Planung, Organisation und Gestaltung

Es ist den Autorinnen gelungen, aus ihren vielfältigen Erfahrungen in Projekten mit Kinder-Gruppen ein echtes Wald-Erlebnis-Handbuch zusammenzustellen, das von der Planung, Organistion bis hin zur Durchführung zahlreiche Anregungen und Hilfestellungen gibt.

ISBN: 3-931902-25-0

Steffi Kreuzinger, Eva Sambale

Himmel die Berge!

Mit Kindern unterwegs: Spiele, Naturerlebnisse, Geschichten und Lieder

Mit Geländespielen, Bastelaktionen mit Naturmaterialien, alpenländischen Liedern und vielfältigen Sinnes- und Bewegungsspielen können Kinder mit viel Spaß im Gebirge unterwegs sein und dabei spielend die Bergnatur erleben können. Naturkundliche Informationen und pädagogische Tipps erleichtern die Umsetzung in der Praxis.

ISBN (Buch): 3-936286-20-5 · **ISBN (CD):** 3-936286-21-3

B. Hesebeck, G. Lilitakis, S. Schulz, D. Gouder

Mit Robin Hood in den Wald

Waldabenteuer für Kinder: Naturerlebnisse, Tobe- und Geländespiele, Bastelaktionen mit Naturmaterialien, Infos über Pflanzen und Tiere und Geschichten von Robin Hood und seinen Gefolgsleuten

Gelungene Aktionen, spannendes Hintergrundwissen und Checklisten bieten optimale Anregungen für die praktische Arbeit.

ISBN: 3-936286-10-8

Der Fachverlag für gruppen- und spielpädagogische Materialien

Kooperative Spiele, Spiele in Gruppen, Lernspiele, Bewegungsspiele, Brettspiele

Ökotopia Verlag und Versand

Fordern Sie unser kostenloses Programm an:

Ökotopia Verlag
Hafenweg 26a · D-48155 Münster
Tel.: (02 51) 48 19 80 · Fax: 4 81 98 29
E-Mail: info@oekotopia-verlag.de

Besuchen Sie unsere Homepage! Genießen Sie dort unsere Hörproben!

http://www.oekotopia-verlag.de und www.weltmusik-fuer-kinder.de

Reihe: Pädagogische Kompetenz

Elke Schlösser

Zusammenarbeit mit Eltern – interkulturell

Informationen und Methoden zur Kooperation mit deutschen und zugewanderten Eltern in Kindergarten, Grundschule und Familienbildung

Elternarbeit wird von ErzieherInnen und PädagogInnen oft als notwendiges Übel empfunden, und Zuwanderer-Familien scheinen dabei meist ein besonderes „Problem" darzustellen.
Dass Elternarbeit auch konstruktive Zusammenarbeit bedeuten kann, beweist das vorliegende Buch. Die Autorin zeigt kreative Wege auf, die Kooperation mit allen Eltern zu initiieren und fruchtbar werden zu lassen. Zugewanderte Eltern werden hier als Menschen mit besonderen Erfahrungen und sprachlichem und kulturellem Fachwissen begriffen, das genutzt werden kann und soll.
PädagogInnen erhalten methodische Anleitungen zur Umsetzung interkultureller Gesprächsführung bei Aufnahme- und Tür-und-Angel-Gesprächen, für Gruppenarbeit und thematische Elternabende. Die Autorin macht Mut neue Wege zu gehen und den Dialog zwischen deutschen und zugewanderten Eltern zu fördern.

ISBN: 3-936286-39-6

Monika Rosenbaum, Barbara Schlüter

Kindern den Frieden erklären

Krieg und Frieden als Thema in Kindergarten und Grundschule

Ein aktionsorientierter Pädagogik-Ratgeber für alle, die zum Frieden erziehen wollen, ohne die Existenz von Krieg und Gewalt auszublenden. Krieg im Kinderspiel, Aggressionstheorien und der konstruktive Umgang mit Konflikten sind nur einige der Themen. Hintergrundinfos werden ergänzt durch Aktionsangebote für die Kindergruppe und die Arbeit im Team.

ISBN (Buch): 3-936286-64-7

Pit Budde, Josephine Kronfli

Shalom – Salam – peace4kids

Internationale Kinderlieder für den Frieden

Auf der CD finden sich Texte und Anregungen für ein friedliches Miteinander der Kinder dieser Welt.

ISBN (CD): 3-936286-65-5

Petra Hinderer, Martina Kroth

Kinder bei Tod und Trauer begleiten

Konkrete Hilfestellungen in Trauersituationen für Kindergarten, Grundschule und zu Hause

Jährlich sind tausende von Kindern vom Tod einer nahe stehenden Person betroffen, ob innerhalb der eigenen Familie oder in Kindergarten oder Grundschule. Die meisten Erwachsenen sind angesichts trauernder Kinder verunsichert und fühlen sich häufig überfordert, sodass diese oft auf sich allein gestellt bleiben und in ihrer unterschiedlichen Art der Trauer nicht wahr- und ernst genommen werden.

Doch Kinder brauchen Hilfestellungen, um mit ihren Verlusten umzugehen und ihre Ängste zu bewältigen. Die beiden Autorinnen geben dazu konkrete Anregungen: von der Elterninformation über die Aussprache im Kollegium bis hin zur gemeinsam gestalteten Trauerfeier. Voraussetzung für das Eingehen auf das trauernde Kind, die Bedürfnisse der Gruppe und der Betreuenden ist die eigene Auseinandersetzung mit dem meist tabuisierten Thema. Die Kunst, sich nicht zu identifizieren und Kinder trotzdem einfühlsam zu begleiten, wird anschaulich vermittelt.
Daneben gibt es Anregungen, bereits im Vorfeld eine Kultur des „abschiedlichen Lebens" in der Einrichtung zu entwickeln. Kinder bekommen so die Möglichkeit, Verlust und Trauer spielerisch zu begreifen.

ISBN: 3-936286-72-8

Elke Schlösser

Wir verstehen uns gut

Spielerisch Deutsch lernen – Methoden und Bausteine zur Sprachförderung für deutsche und zugewanderte Kinder als Integrationsbeitrag in Kindergarten und Grundschule

In immer mehr Kindertageseinrichtungen und Grundschulklassen werden Kinder betreut, deren Muttersprache nicht Deutsch ist. Und auch vielen deutschen Kindern fehlt es an Wortschatz und sprachlicher Gewandtheit. Für sie bietet das Sprachprogramm ‚Wir verstehen uns gut' in spielerischen Bausteinen die Möglichkeit, ihren Sprachstil zu verbessern und damit an ihrem täglichen Umfeld aktiv teilhaben zu können. Die Bausteine umfassen lebensnahe Bereiche. Vertraute Praxiselemente werden unter dem Blickwinkel der Sprachförderung durch Neue ergänzt, vertieft und gesichert. Eine gemeinsame Sprache sprechen – das ist im doppelten Wortsinn das Ziel gelungener Integration! Neben den Bausteinen mit Arbeitsblättern und Kopiervorlagen zum Herausnehmen bietet das Sprachprogramm Informationen zur Interkulturellen Pädagogik und zum Mehrsprachenerwerb sowie viele praktische Hinweise für die tägliche Arbeit in kulturell gemischten Gruppen. Sprachstandsbögen ermöglichen eine fundierte Einschätzung der Kinder.

ISBN: 3-931902-76-5